THÉATRE DE CERCLES CASINOS et CHATEAUX

par

HENRY BUGUET

Illustré par

A. CHOUBRAC

PARIS

TRESSE & STOCK, ÉDITEURS

Palais-Royal.

THÉATRE

DE

CERCLES, CASINOS ET CHATEAUX

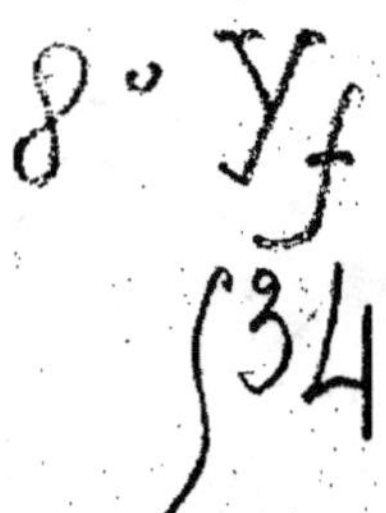

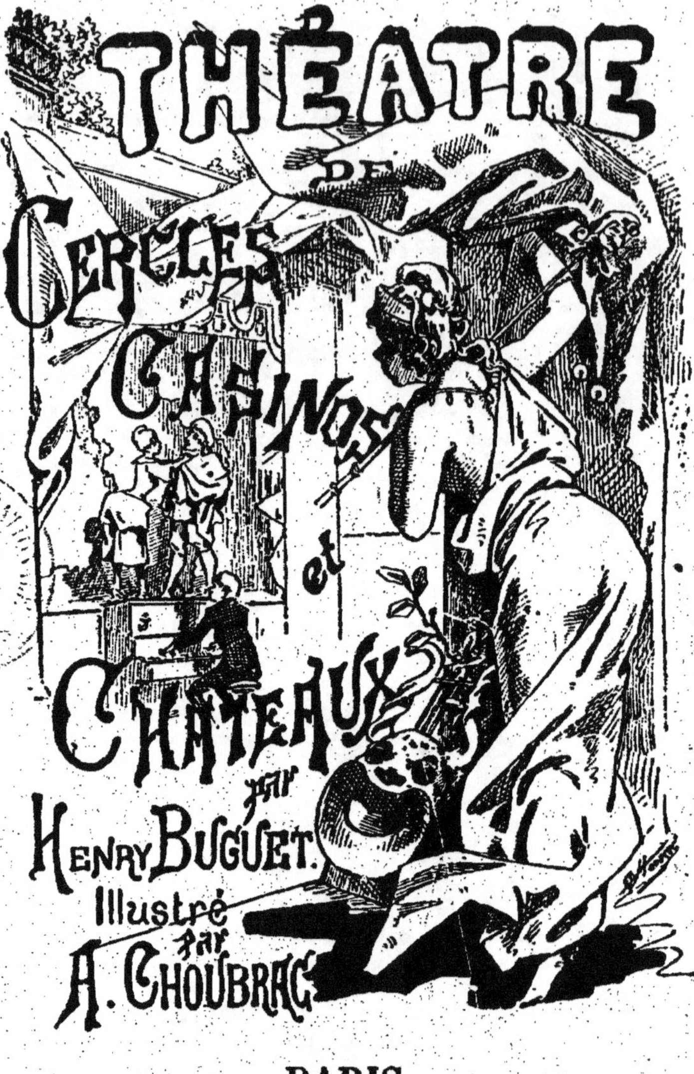

THÉATRE DE CERCLES CASINOS et CHATEAUX

par

HENRY BUGUET

Illustré par

A. CHOUBRAC

PARIS

TRESSE & STOCK, ÉDITEURS

8, 9, 10, GALERIE DU THÉATRE-FRANÇAIS

Palais-Royal

1888

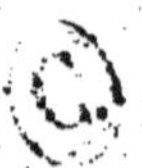

SUR LE REFUGE

SAYNÈTE

— *En collaboration avec M. Jules Billhault* —

Représentée pour la première fois au Cercle de la Presse, à Paris

PERSONNAGES

LE MONSIEUR, habit noir, cravate blanche. . . . M. Numès, *du théâtre du Gymnase.*

LA DEMOISELLE, robe blanche, un bouquet de fleurs d'oranger à la main. . . . . Mlle Bérois, *du théâtre des Menus-Plaisirs.*

ACCESSOIRES

Un guéridon, une lampe, une grosse montre, un bouquet de fleurs d'oranger.

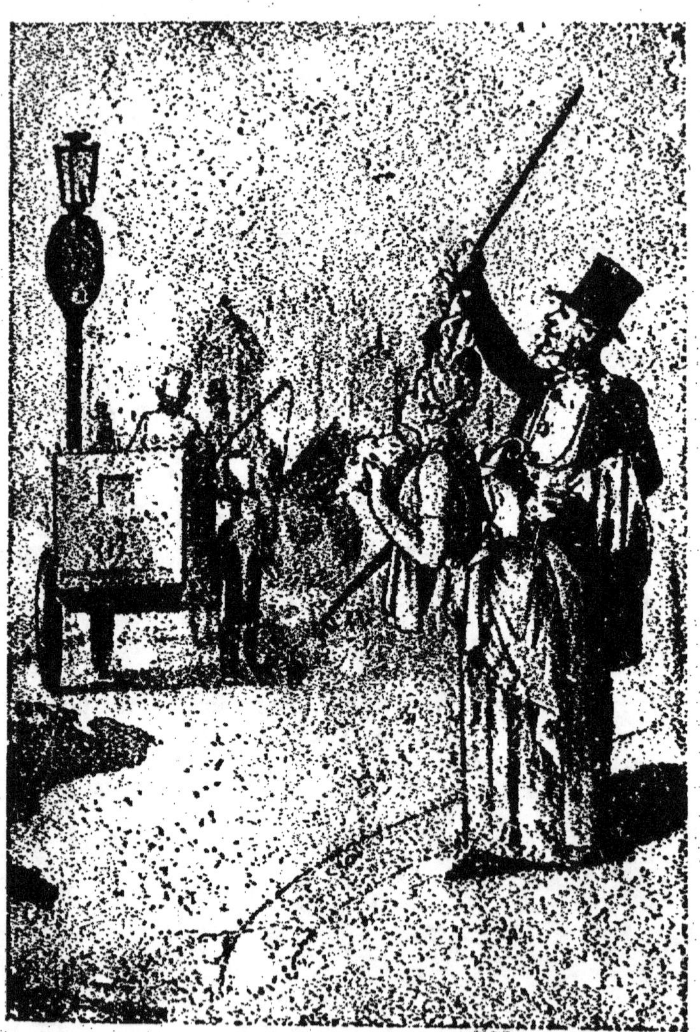

SUR LE REFUGE

SUR LE REFUGE

Le théâtre représente le refuge situé en face du passage Jouffroy, à côté du coiffeur Blanc.

(N. B.) On peut remplacer le décor par un guéridon, sur lequel est posée une lampe à laquelle est suspendue une montre.

LA DEMOISELLE, au public.

Mesdames et Messieurs, la scène est petite, c'est voulu. Ce guéridon représente le refuge situé en face du coiffeur Blanc, barbier des gens d'esprit. Cette lampe, cette montre, figurent le candélabre qui orne tout refuge sérieux. Pour diminuer les frais de mise en scène, nous avons supprimé le sergent de ville attaché au dit refuge.

AIR : *Bouton de rose.*

Nommer refuge
Ce pied à terre, c'est scabreux
Chaqu'voiture y fait du grabuge
Les écrasés sont plus nombreux
Grâce au refuge ! (*bis*).

SCÈNE UNIQUE

LA DEMOISELLE, LE MONSIEUR.

LA DEMOISELLE.

Cocher !... pstt !... pstt !...

LE MONSIEUR.

Cocher ! Ici ! Cocher !

LA DEMOISELLE.

Pardon, monsieur ! Je suis première en date.

LE MONSIEUR.

Cocher ! cocher !

LA DEMOISELLE.

Mais monsieur...

LE MONSIEUR.

Je crois, mademoiselle, que nous trouverons difficilement une voiture.

LA DEMOISELLE.

Je ne puis pourtant pas aller à pied, en robe blanche, avec ce bouquet de fleurs d'oranger... destiné à l'une de mes amies...

LE MONSIEUR.

Il est certain que cette fleur symbolique... portée par une jeune fille seule...

LA DEMOISELLE.

Pardon, monsieur! Je ne suis pas une jeune fille seule. J'attends mon oncle.

LE MONSIEUR.

Ah! vous avez un... oncle! De quel cercle?

LA DEMOISELLE.

Du cercle militaire, c'est un ancien commandant de spahis, un dur à cuire, un vieux grognard qui fredonne constamment entre deux grosses moustaches cet air guerrier : « As-tu vu la casquette, la casquette. »

LE MONSIEUR.

Où l'avez-vous déposé, monsieur votre vieux grognard?

LA DEMOISELLE.

Il est en train de se faire raser chez Blanc... Il m'a priée de héler une voiture... Il va venir.

LE MONSIEUR.

Oh! Il n'a pas besoin de se hâter... Nous sommes très bien sur ce refuge : vous, en robe blanche, moi, en habit noir, nous avons l'air de deux fiancés. Ce candélabre à horloge pneumatique remplace la torche de l'hyménée.

LA DEMOISELLE.

... Joli sujet pour un dessus de pendule. Mais, de grâce, monsieur, aidez-moi à trouver un sapin... Je suis pressée.

LE MONSIEUR.

Vous êtes pressée... moi aussi... les cochers aussi, l'horloge pneumatique aussi... elle avance! Tout le monde est pressé. Dans ce coin de l'enfer de Paris. Ecoutez plutôt ce qu'a dit un poète qui désire garder l'anonyme.

Musique de scène — AIR : *de la valse de Giselle*

« Sur le long boulevard — Madeleine-Bastille
« Le monde copurchic, saute, grouille et frétille.
« Près des gens affairés, les crieurs de journaux,
« Les vastes omnibus traînés par trois chevaux,
« Un fouillis de sapins et le tramway qui croise
« D'innombrables cochers qui ne cherchent que noise ;
« On y voit des richards, et des étudiants,
« Des banquiers en faillite, autant de mendiants,
« Des gens à marier qui courent à la chasse
« D'une solide dot. La beauté, cela passe !
« Le savant s'y distrait après un grand labeur,
« Le garçon de recette y tente le voleur
« Le désœuvré toujours vient boire son absinthe,
« A son heure ; le pauvre y profère sa plainte,
« L'artisan sans travail, expose son malheur,
« Le nouveau décoré, sa légion d'honneur,
« La cocotte, parfois, peut y trouver un prince
« Et l'on y reconnaît les gens de la province,
« Artistes fatigués, rédacteurs de journaux
« Ministres dégommés, députés, généraux,
« Académiciens, sénateurs ou banquistes,
« Gens de mauvaise humeur, mécontents, bouquinistes.
« Auteurs, acteurs, chanteurs, substituts, avocats ;
« Viennent journellement y faire les cent pas
« Les filous à voler y trouvent bénéfice
« Les assassins en paix y narguent la police,
« Bref, dans la fourmilière, alors, que vient le soir,
« C'est l'univers entier que porte le trottoir!

LA DEMOISELLE.

Comme tout ce monde, je suis très pressée, je vais à une noce.

LE MONSIEUR.

Moi aussi ; je vais à une noce. C'est ce qui explique cet

habit noir à dix heures du matin. Je vous assure que je ne suis pas un garçon de café en retrait d'emploi.

LA DEMOISELLE.

Pour rien au monde, je ne voudrais être en retard... C'est si amusant, une noce... Le repas, le bal, la musique!

LE MONSIEUR.

... Les farces spirituelles que l'on fait au dessert... la jarretière; souvent on se trompe, on prend le pied de la table!...

LA DEMOISELLE.

Bien démodée la jarretière!.. Vous n'êtes pas dans le train! à ce que je vois.

LE MONSIEUR à part, ne comprenant pas.

Dans le train..? (Haut.) Vous avez reçu, mademoiselle, une brillante éducation.

LA DEMOISELLE.

Oui! j'ai tous mes brevets... et je viens de passer ma thèse en médecine.

LE MONSIEUR.

Doctoresse, seriez-vous assez aimable pour me donner une consultation... Je suis atteint depuis une demi-heure d'une envie folle...

LA DEMOISELLE.

De quoi donc?

LE MONSIEUR.

De vous embrasser.

Il fait le geste de l'embrasser.

LA DEMOISELLE.

Que devient mon oncle?.. Il est midi. La cérémonie nuptiale du baron Périclès commence à une heure.

LE MONSIEUR.

Du baron Périclès... Moi aussi, j'en suis, de la noce Périclès... Je suis même le garçon d'honneur du marié.

LA DEMOISELLE.

Quel hasard!... moi, je suis la demoiselle d'honneur de la mariée.

LE MONSIEUR, saluant.

Vous me voyez ravi de la rencontre.

LA DEMOISELLE.

Je n'en suis pas fâchée non plus. (A part.)... Il est très bien! (Haut.) Mais à qui ai-je l'honneur de parler?

LE MONSIEUR.

Voici ma carte.

Il la lui présente.

LA DEMOISELLE, lisant.

Francillon, fils, directeur du *Capricorne*, compagnie d'assurance contre les accidents dans les Familles. (A part.) Jolie profession! (Haut.) C'est vous, monsieur, qui devez me servir de cavalier pendant cette journée?

LE MONSIEUR.

Pendant toute la journée, pendant toute la soirée... pendant toute la... pendant tout le temps que vous voudrez, mademoiselle... (L'interrogeant.) Mademoiselle?

LA DEMOISELLE.

Camille...

LE MONSIEUR.

Sapristi! s'appeler Camille, et ne pas trouver un fiacre!

LA DEMOISELLE.

Mon oncle ne revient pas... c'est étonnant... Il se fait donc friser au petit fer...

LE MONSIEUR, très haut.

Il faut pourtant trouver un sapin. Voyez-vous Mlle Camille, le pourboire a gâté les cochers!... Plus de pourboire! Guerre au pourboire! Il entretient l'ivresse publique et commandite le carrefour des Écrasés.

AIR : *de l'artiste*

C'est mon avis intime,
Les cochers, voyez-vous,
Pour un pourboire infime
Se mettraient à genoux.
C'est not' faut, c'est notoire,
S'ils écras'nt tout Paris;
En leur donnant pour boire
Nous somm's caus' qu'ils sont gris.
N'leur donnons plus pour boire
Ils ne s'ront jamais gris.

LA DEMOISELLE.

Voilà un cocher qui allait s'arrêter... Votre boutade a mis en fuite.

LE MONSIEUR, à part.

Je le sais bien! (Haut.) Causons de ce que vous voudrez, mademoiselle : art, littérature, histoire, philosophie; cuisine; anatomie comparée...

LA DEMOISELLE.

Causons philosophie... Je ne sais pas si vous êtes comme moi, je crois aux effets réflexes.

LE MONSIEUR, hésitant.

Oui .. c'est possible... moi aussi! Oui, moi aussi.

LA DEMOISELLE.

Chaque fois que j'assiste à une bénédiction nuptiale, cela me donne envie de me marier. Effet réflexe.

LE MONSIEUR.

Vous marier! sans réflex...ion comme ça... tout de suite! Séance tenante!

LA DEMOISELLE.

Parfaitement... le coup de foudre!

LE MONSIEUR, à part.

...Si j'avais un paratonnerre!...

LA DEMOISELLE.

Pourquoi attendre?... Quand vient le printemps? Les tourterelles n'attendent pas l'hiver pour aimer et faire leur nid... J'ai 20 ans, monsieur...

LE MONSIEUR.

20 ans! c'est le printemps, c'est le marronnier du 20 mars!

LA DEMOISELLE.

Est-il rien de plus beau, de plus poétique que l'union de deux âmes?

LE MONSIEUR, imitation de Berton.

... De deux âmes enfiévrées de jeunesse et d'amour.

LA DEMOISELLE.

C'est une harmonie mélodieuse... un charme... un nectar.

LE MONSIEUR, à part.

A mille francs le verre...

LA DEMOISELLE.

Une ambroisie.

LE MONSIEUR, crie à part.

Versez terrasse! Est-ce qu'elle va me demander ma main, ici sur ce trottoir?...

LA DEMOISELLE.

C'est l'extase!..

LE MONSIEUR, à part.

Je l'ai hypnotisée par persuasion. Calmons cette poésie par un peu de réalisme.

Il chante.

AIR: *de la Briguedondaine.*

L'amour ne vol' pas son nom
La digue, digue, digue
La digue, digue don
C'est un petit polisson
La digue, digue, digue
La digue, digue, don.
Je vous le prouv'rai sans peine
La briguedondaine !

LA DEMOISELLE, achevant.

Son vrai nom est Cupidon
Pourquoi donc? (*bis*)

LE MONSIEUR.

Je vais vous faire un mot fin et carquois... narquois. Il s'appelle Cupidon, parce qu'il est cupide, donc !

LA DEMOISELLE.

Ah ! c'est un mot ! il est mauvais, vous le referez au dessert.

LE MONSIEUR.

Avec plaisir mais j'espère bien, qu'en votre qualité de demoiselle d'honneur, vous chanterez aussi, au dessert une petite romance de pensionnat.

LA DEMOISELLE.

« Je n'en sais qu'une, mais elle est trop naïve ! » Ici chansonnette au choix de l'artiste, les répliques entre guillemets ne se donnent pas dans le cas où l'artiste désirerait ne pas chanter.

LE MONSIEUR.

« Ah ! Donnez-m'en la primeur. »

LA DEMOISELLE, chante.

LE MONSIEUR.

« Mes compliments, vous êtes allée à la Laïque où les
« chansons chastes mais pimentées sont obligatoires. Je
« ne veux pas être en reste vis-à-vis de vous, et je vais
« vous donner l'audition d'un petit impromptu que j'ai fait...
« à loisir. (Il annonce le titre de la chansonnette qu'il va chanter).

LA DEMOISELLE, après le chansonnette.

Je n'entends pas le refrain de mon oncle : « As-tu

vu, la casquette ? » Il a dû rencontrer M. Damala qui lui parle de la dernière pièce de M. Ohnet... Mon oncle adore les pièces de M. Ohnet.

LE MONSIEUR, enthousiasmé.

C'est un honnête homme... Ohnet ! on se marie toujours à la fin de ses pièces. Oh ! le mariage ! avec vous ce serait divin, ce ne serait qu'un long baiser....

LA DEMOISELLE, baissant les yeux.

Deux... trois... quatre.

LE MONSIEUR, exalté.

Cinq, six, sept, huit, vingt-trois, soixante-cinq, soixante-six, soixante sept, soixante huit !!!

Il lui embrasse les mains.

LA DEMOISELLE, effrayée.

Tenez vous-en là !!!

LE MONSIEUR, chante.

AIR : *du bi du bout du banc*

Près d' vous éternel embrass'ment
Sur le bi sur le banc, sur le bi du bout du banc.

LA DEMOISELLE.

D'amour vous mourrez certainement
Sur le bi, sur le banc, sur le bi du bout du banc.

LE MONSIEUR.

On dit cela toujours avant,
Sur le bi, sur le banc, sur le bi du bout du banc.

LA DEMOISELLE.

Après on n' s'embrass' plus autant,
Sur le bi, sur le banc, sur le bi du bout du banc.

LE MONSIEUR.

Il peut nous v'nir un p'tit enfant...
Sur le bi, sur le banc, sur le bi du bout du banc.

LA DEMOISELLE.

Mais ça caus' du désagrément!..
Sur le bi, sur le banc, sur le bi du bout du banc.

LE MONSIEUR, *lui embrassant les mains.*

Qu'importe mademoiselle, ne repoussons pas les enfants. Il est doux d'embrasser... ces gentils diables roses, ces amours de bébés...

LA DEMOISELLE.

...Qui vous tendent leurs lèvres à cueillir comme des cerises de Montmorency.

LE MONSIEUR.

Elle est poétique!

LA DEMOISELLE.

Le baron et la baronne de Périclès auront bientôt tous ces bonheurs-là!

LE MONSIEUR.

Ce Périclès est un veinard il tire à cinq!... Il est capable d'être heureux... Si sa femme est douce, patiente, tolérante, pas exigeante, disposée à toutes les abnégations et à tous les sacrifices, je n'aurai pas besoin de mettre une seconde fois mon habit noir pour accompagner ce couple devant M. le Maire.

LA DEMOISELLE.

Que voulez-vous dire?

LE MONSIEUR.

Je veux dire... que, bien que je sois jeune encore, 27 ans, aux prochaines Emeutes !!! J'ai été garçon d'honneur 22 fois.

LA DEMOISELLE.

C'est une spécialité.

LE MONSIEUR

Sur les 22 ménages dont j'ai salué l'aurore et le... coucher, le coucher surtout... il n'y en a que deux qui vivent d'accord... ou à peu près.

LA DEMOISELLE.

Vous exagérez...

LE MONSIEUR.

Non... j'ai dû servir de témoin à vingt divorces...

LA DEMOISELLE.

Çà a dû bien vous fatiguer. Mais alors, le mariage, ce duo d'amour?..

LE MONSIEUR.

Cette musique de chambre est d'ordinaire un trio... parfois un quatuor... ou un septuor quand il n'y a pas un octave dans l'alcôve?..

LA DEMOISELLE.

C'est un mot, vous le caserez au dessert. Mais alors... les maris sont des serins... comme dit M Thiron, dans *Francillon.*

LE MONSIEUR.

Presque tous des canaris.

LA DEMOISELLE.

... Voilà qui me dégoûte du mariage... Les femmes ne se vengeraient pas si les maris ne les y forçaient... Cocher! cocher!... Tous ces cochers me rient au nez... et filent.

LE MONSIEUR.

Qu'importe!... Moi, je renonce à être le témoin du sacrifice... Périclès... J'en ai assez des noces. .

LA DEMOISELLE.

Vous en avez la nostalgie.

LE MONSIEUR.

C'est un mot! vous le redirez au dessert.

LA DEMOISELLE.

Elles se ressemblent toutes... un festin indigeste, un bal ridicule.

LE MONSIEUR.

Si Périclès veut un garçon d'honneur, qu'il aille en louer un dans les agences.

LA DEMOISELLE, empoignant le monsieur par la main.

Je cours me jeter aux genoux de ma fiancée et je lui crie : « Malheureuse! l'abîme est devant toi.

LE MONSIEUR, regardant par terre.

Ça c'est un regard d'égout?

LA DEMOISELLE.

« Béant, immense, insondable! Recule ou tu tomberas « du sommet de la tour Eiffel de tes illusions. »

LE MONSIEUR.

Inutile de vous déranger. Nous allons entrer dans un café et vous écrirez tout cela à votre amie... Cocher! cocher! à la course.

LA DEMOISELLE.

Nous n'avons plus besoin de voiture à présent.

LE MONSIEUR.

Mais si, au contraire... cocher! Nous allons... (A part.) Au fait je vous dirai tout à l'heure où nous allons... (A la demoiselle.) Vous me donnerez votre avis sur la salade japonaise.

Au piano on joue l'air : « As-tu vu la casquette la casquette!...»

LA DEMOISELLE, souriant.

Voici mon oncle.

LE MONSIEUR.

Encore l'oncle! Mais c'est un oncle... incarné qu'elle a là.

LA DEMOISELLE.

Invitez-le.

LE MONSIEUR.

Jamais de la vie! Il serait capable de nous défendre de goûter à la salade japonaise.

LA DEMOISELLE, se dégageant.

Non, non ce que vous me demandez là est impossible!...

LE MONSIEUR, faisant des gestes d'hypnotisme à part..

Recourons aux grands moyens !

Il lui lance une passe magnétique.

LA DEMOISELLE, après hésitation gaiment.

Assez !!! Ça y est le coup de foudre ! Je vous suis !

LE MONSIEUR, il chante.

AIR : *de la jolie parfumeuse.*

Allons, narguant la noce,
La faire au restaurant
Sans noce, on fait la noce,
Mieux qu'en se mariant. } *Bis.*

LE MONSIEUR.

D'la salad' japonaise
Vous apprécierez les bienfaits
L'écreviss' bordelaise
Est fade auprès de ce mets.
Dedans, je n'sais c'qui rentre
Mais, les femm's de Yokohama
Se lais'raient ouvrir le ventre
Pour manger cett' salad'là !!!

REPRISE, bras dessus bras dessous en dansant.

Allons, etc.

Rideau.

JOCRISSE VIT TOUJOURS!

FARCE-PARADE RENOUVELÉE DU PONT-NEUF

Représentée pour la première fois, au château de la Marche, chez M. le vicomte de Greffulhe, à la fête champêtre donnée en l'honneur de leurs Altesses Impériales :

LE GRAND DUC ET LA GRANDE DUCHESSE WLADIMIR
ET DE S. A. R. LA DUCHESSE D'ÉDIMBOURG

PERSONNAGES

GALIMAFRÉ. . .	Pitres de la foire Saint-Laurent.	MM. Christian.
NICOLET.		Berthelier.
JOCRISSE.		Daudray.
BRIOCHÉ.		Mlle Milly-Meyer
LA CHANSON.		Mme Thérésa.
L'ESPRIT FRANÇAIS.		Mlle Réjane.

Dessins des costumes et des programmes

Par Gustave Deloye

Les deux rôles de la *Chanson* et l'*Esprit français* peuvent être supprimés ; en ce cas la parade commence à la scène II.

ACCESSOIRES

Grosse caisse, tambour ; une grande pancarte ou bande de calicot avec ce titre en grosses lettres

Jocrisse vit toujours

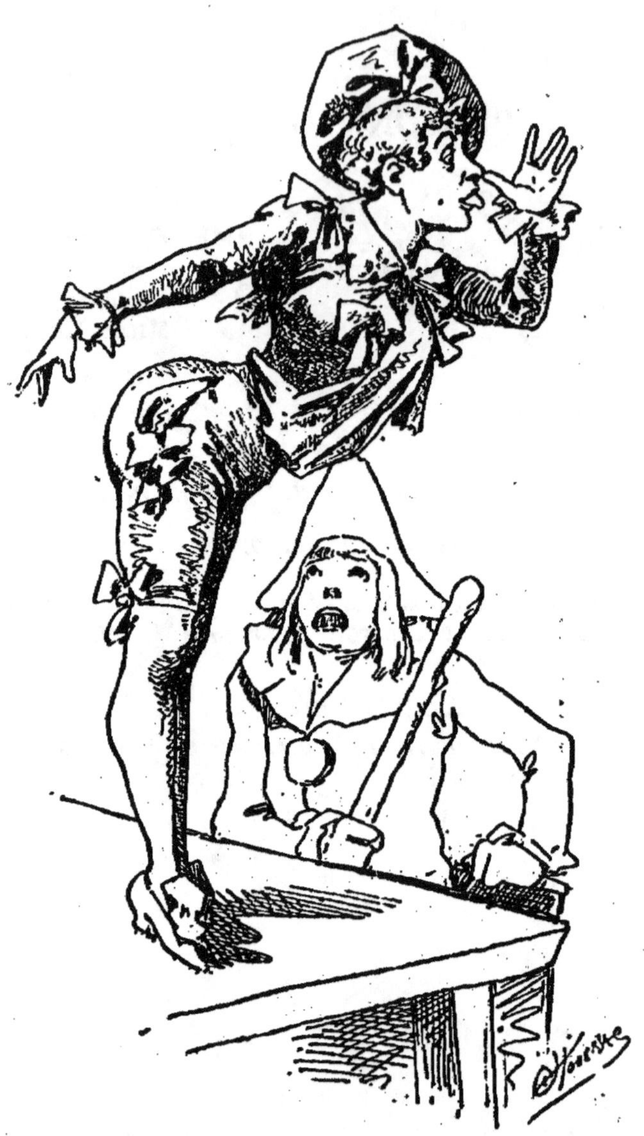

JOCRISSE VIT TOUJOURS

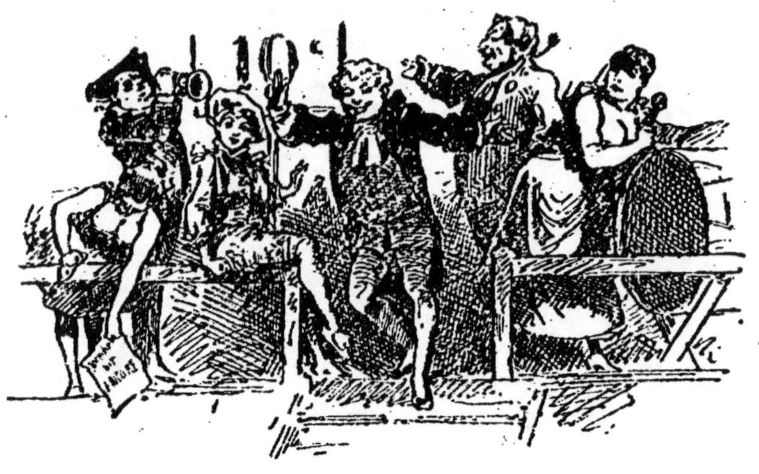

JOCRISSE VIT TOUJOURS

SCÈNE PREMIÈRE

Décor. — Apparence d'une baraque sur une estrade. Au fronton de cette baraque on lit : *Jocrisse vit toujours.* Sur l'estrade, une grosse caisse, un tambour.

L'ESPRIT FRANÇAIS, LA CHANSON.

Musique. Pot pourri à l'orchestre. Elles entrent enveloppées dans un manteau sombre.

L'ESPRIT FRANÇAIS.

Qui a osé prétendre que la gaieté française avait vécu ... Arrière les pessimistes du jour!... Arrière les empêcheurs de danser en rond.

AIR : *des meli-melo.*

A nos yeux il est bien prouvé
Que l'esprit est le mot bizarre

Si bien peu de gens l'ont trouvé
C'est qu'il est d'une espèce rare ;
On le cherche depuis longtemps
Quoiqu'à présent nul ne l'ignore
Je parierais que bien des gens
Le chercheront longtemps encore.

Il offre un contraste parfait ;
Il fait la paix, il fait la guerre,
Et, seul, du fond d'un cabinet
Il renverse une armée entière.
Bientôt interprète discret
Des amants tendres et fidèles
Il va sous le pli d'un billet
Reposer sur le sein des belles.

L'esprit fait du bien mais souvent
Il incline vers la satire,
Il fait du mal et ce talent
Est presque le seul qu'on admire.
De l'esprit tout ressent l'effet
Il règne en souverain sur la terre ;
Mais le bon goût et le sifflet
L'ont fait esclave du parterre.

La gaîté française fut-elle morte qu'on l'eût vu ressusciter en l'honneur de leurs Altesses Impériales (1) dont la présence nous prouve que c'est toujours du Nord que nous vient la lumière.

LA CHANSON, désignant le grand Duc et les grandes Duchesses.

La lumière... la beauté, la grâce,..

L'ESPRIT.

Et la bonté qui fait surtout la majesté.

(*Elle déclame*)

On a dit que les grands connaissent peu d'amis
Les altesses du Nord sont hors la loi commune

1. Le Grand Duc, la Grande Duchesse Wladimir, la Duchesse d'Edimbourg.

Sensible à l'amitié, propice à l'infortune,
La Russie à la France montre son cœur épris.
Pour parler au malheur, dissiper les alarmes
Vos altesses chez nous, dédaignant la fierté,
Ont avec les Français les rapport pleins de charmes
Et de la bienfaisance et de l'égalité.

LA CHANSON, à l'Esprit.

Tu n'as pas douté un instant de mon exactitude. Tu m'as appelée sur ces tréteaux veufs de leurs histrions... De quoi s'agit-il ?

L'ESPRIT FRANÇAIS.

De faire revivre pour quelques heures les joyeux enfants de la farce, de la parade et du boniment qui ont fait les délices du dernier siècle, qui, lui, savait aimer et s'amuser Je veux ramener pour quelques heures, dans ce domaine Seigneurial : *Turlupin*, *Gautier-Garguille*, *Gros-Guillaume*, *Tabarin*, *Brioché*, *Nicolet*, *Paillasse*, *Gringalet*, *Jocrisse*, *Frisepoulet* et vingt autres de ces inimitables pitres qui ont emporté le secret de leurs joyeuses parades, et j'y ai réussi ; j'ai évoqué leur esprit, et il m'a répondu : « Je viendrai ! »

LA CHANSON.

Ils vont paraître bien vieillis, bien cassés...

L'ESPRIT FRANÇAIS.

Mais non... Leurs calembredaines ne sont-elles pas de tout temps. Le pitre disparaît... la parade reste...

Bruit de grosse caisse derrière les tréteaux.

L'ESPRIT FRANÇAIS.

Les voici... Cachons-nous ici près, afin de savoir comment ils s'en tireront...

Ils sortent.

SCÈNE II

JOCRISSE.

Il a la perruque, et le papillon traditionnel qui lui voltige au-dessus du nez. Il est pour ainsi dire projeté sur les trétaux par un coup de pied invisible pour le public.

JOCRISSE, se frottant les reins en tombant.

Ah! patron! vous voulez donc que j'attrape un anévrisme ?... (Se relevant.) Voilà comment il me paie toujours mes gages le seigneur Galimafré. Il ne se rappelle jamais que je suis d'une noble famille. Je suis le seigneur Jocrisse, Jocrisse le meilleur garçon du monde, malin comme un singe, érudit comme érudit lui-même. Une sorcière de la foire Saint-Germain m'a prédit que j'aurai beaucoup de descendants. Mon premier maître était un homme très vif qui à propos de botte vous la flanquait quelque part et rarement à côté. Cent fois sur quatre-vingt-dix, cet homme adroit mettait dans le mille, et comme il était un peu médecin, il prétendait qu'en mettant dans le mille, ça rétablissait la circulation du *sang*. Mais ce n'est pas la peine que je m'affaisse comme un homme sans éducation. Mon premier maître m'a appris à écrire, et je faisais mes M et mes R si maigres qu'il disait que je faisais des *M étiques* et des *R étiques*. Mais je l'esbrouffais sur la géographie quand je lui disais : La Chine produit *les thés*, même l'hiver et a une réputation de *thé... méritée*. Je l'épatais aussi avec la mythologie en lui apprenant que Vénus a six fermiers et qu'elle possède *six terres*. Et la musique donc ! Quand je lui avouais que je n'aimais pas le bémol qui a toujours l'air malade parce qu'il *vaut mi*. Si je n'étais pas *trop homme de terre*, j'aurais souvent pris la mer. Cependant, j'ai vu naufrager un vaisseau, et sans desserrer les gencives, j'ai vu ses *mâts choir*, et dame, quand un vaisseau *est chou*, on en fait de la soupe. Savez-vous quelle différence il y a entre les Champs-Elysées, le Piémont et une mercière? La voici : Au Piémont, sont *les chevaux Légers*, aux Champs-Elysées, *les chevaux de bois*, et chez la mercière, *l'écheveau* de fil.

Quelle différence y a-t-il entre une femme qui a mal aux pieds et une boîte à sardines? Ne cherchez pas, il n'y en a pas, car si la femme boîte en marchant, la sardine boîte en fer blanc. Cette pensée philosophique n'est pas de moi mesdames et messieurs, on l'attribue à notre grand philosophe le nommé J.-J. Rousseau. Après la philosophie les mathématiques! Trois questions à résoudre.

1° Qui qu'a fait l'œuf? Parbleu vous l'avez deviné c'est la poule!

2° Qui qu'a fait la poule? Vous l'avez encore deviné c'est le coq!

3° Oui, mais qui qu'a fait le coq? C'est là que je vous attends. (Après un silence triomphalement:)

Eh bien mesdames et messieurs, c'est le charbon de terre qui a fait le *coke*. Cette définition profonde est attribuée à deux grands hommes : Mons et Charleroi! Maintenant un peu de géographie : savez-vous quelle est la ville la plus froide de l'Europe? Ce n'est pas Moscou! Ne cherchez pas; c'est Rouen! Oui, c'est Rouen puisqu'on entend crier partout par les marchands de poissons : Harouen qui glace! Harouen qui glace! Savez-vous à qui est attribuée cette facétie? A une pseudo-reine de France; à la Pompadour qui de son nom de famille s'appelait Poisson.

Savez-vous quel est des légumes le plus rageur, le plus entêté?

Eh bien, c'est le radis, la preuve c'est que lorsque vous dites blanc le *radis noir*. Inutile de vous dire que ce radis qui a tant de caractère est du La Bruyère tout pur.

Ah ! Dites donc, si vous aviez une femme méchante, vous n'auriez qu'à la faire enfermer à la Sorbonne, car on a remarqué que chaque femme qui sort de la... *sort bonne.* Vous ne connaissez peut-être pas l'anglais qui n'a pas besoin de chercher un logement. Eh bien ! C'est *Lord logé.* Savez-vous depuis quand les marchands de tabac n'en vendent plus autant de tabac ? C'est depuis la descente *des nez aux enfers.* Je le prise celui-là ! Et vous, me le paierez-vous *dix roupies ?* Êtes-vous observateur ? Moi, dans un voyage récent, j'ai vu un aigle dévorer une chèvre toute entière, sauf les cornes, tandis que la chèvre mangeait *l'aigle entier*, si vous êtes contents de cette première fournée, vous êtes libres de m'envoyer une poignée de bravos, mais pas devant mon maître il est jaloux comme une peau de tigre cet animal là !

SCÈNE III

LES MÊMES, GALIMAFRÉ

GALIMAFRÉ, entrant en lui flanquant un coup de pied.

Animal... Crétin... Bélitre !...

JOCRISSE, se frottant.

Décidément, il faudra que vous me fassiez cadeau d'un litre de rhum pour mes lumbagos.

JOCRISSE.

Le Rhum à reins.

GALIMAFRÉ, haussant les épaules.

Je te cherche depuis une heure pour ouvrir la boîte.

Aujourd'hui nous avons un public *des litres* qui paiera bouteille. Rien que des têtes couronnées.

JOCRISSE.

Ah ! Je serai bien content, n'ayant vu encore que des chevaux... couronnés.

GALIMAFRÉ.

Tu devrais être depuis une heure sur les tréteaux avec Nicolet et Brioché nos illustres amis.

JOCRISSE.

J'ai une excuse. J'ai été retenu par le feu de la composition d'une nouvelle parade qui esbrouffera les populations les plus reculées des générations futures.

GALIMAFRÉ.

Tant mieux, car mon répertoire commençait à être aussi usé que les semelles de mes souliers. (Tapant sur la grosse caisse.) Allons, dépêchons-nous, Nicolet, son singe et Brioché vont arriver de la foire Saint-Laurent. C'est l'heure et le moment de désopiler la rate de nos concitoyens. Désopilons-la leurs-y !

Jocrisse souffle dans une trompette. Galimafré frappe sur la grosse caisse. Entrent Nicolet et Brioché dans leurs costumes légendaires de pitres.

SCENE V

Les Mêmes, NICOLET, BRIOCHÉ.

Nicolet entre le premier. Brioché le suit avec déférence. Echange de poignées de mains.

NICOLET.

Bonjour, confrère !

GALIMAFRÉ.

Eh bien ! La foire Saint-Laurent ?

NICOLET.

Elle agonise, mon ami !!!

BRIOCHÉ.

L'esprit, son parrain, et la gaîté sa marraine, semblent l'abandonner. Elle se meurt d'anémie.

JOCRISSE.

Alors, nous n'aurons plus la foire, patron ?

GALIMAFRÉ, lui donnant un coup de pied.

Cuistre ! Tu n'auras désormais d'autre siége pour t'asseoir.

NICOLET.

A vos tréteaux, Messieurs, et en avant la parade.

GALIMAFRÉ, au public.

Mesdames et Messieurs de tout sexe et de tout âge, les saillies, les bons mots abracadabrement spirituels que nous allons vous jeter insolemment au nez sont complétement nouveaux-nés, et même morts-nés.

JOCRISSE.

A moi le crachoir, patron !

NICOLET, lui flanquant un coup de pied.

Ferme ta chaufferette, vilain *gueux!*

JOCRISSE.

Je demande la parole pour un fait postérieur....

GALIMAFRÉ, lui flanquant un coup de pied.

Je te la donne... postérieure...ment.

BRIOCHÉ.

Moi. Je demande à faire mon petit effet dans une chanson nouvelle.

GALIMAFRÉ.

En avant la musique... pas de fausses notes ou je t'étrille...

Brioché (1) chante une chanson *ad libitum.*

NICOLET.

De plus en plus fort, comme chez moi, Nicolet ! (Au public.) Je vous dis, moi, qu'après la parade, vous resterez, comme stupéfiés, pétrifiés, momifiés, déifiés, édifiés — bien plus fort, vous serez tellement ébaubis, surpris, étourdis, anéantis, que vos cors aux pieds resteront soudés au sol, et qu'il faudra aller chercher des terrassiers pour vous déraciner sur place.

JOCRISSE.

Puis-je risquer deux mots !

GALIMAFRÉ, lui donnant un coup de pied.

De deux maux il faut choisir le moindre (Au public.) Mesdames et messieurs, nous allons avoir...

NICOLET.

L'honneur de vous faire celui...

BRIOCHÉ.

De nous voir...

1. Mlle Milly-Meyer chantait la ronde : *Où y a d'l'agène y a pas de plaisir (Joséphine vendue par ses sœurs.)*

JOCRISSE.

Nous livrer...

TOUS, ensemble.

A une orgie de calembours...

JOCRISSE.

Si co...

GALIMAFRÉ, lui donnant un coup de pied.

... casses.

NICOLET.

Que vous allez vous en tenir les...

BRIOCHÉ.

Cô...

Coup de pied de Nicolet.

... tes.

GALIMAFRÉ.

Sais-tu Nicolet, pourquoi avec moi, tu ne seras jamais tué en duel?

NICOLET.

Parbleu! parce que je suis très fort à *la parade*.

Roulement de tambour.

JOCRISSE.

Un tout inédit, seigneur Galimafré.

GALIMAFRÉ.

Vas-y stas.

JOCRISSE.

Savez-vous pourquoi une gousse d'ail qu'on a jetée à la mer peut y devenir une pierre précieuse?

TOUS.

Non !

JOCRISSE, radieux.

Eh bien ! une gousse d'ail qu'on a jetée à la mer y devient pierre précieuse parce qu'on l'en retire *encore ail.*

Roulement de tambour.

GALIMAFRÉ.

Troun de l'air de bagasse ! Si tu recommences !

BRIOCHÉ.

Savez-vous quel est l'enfant de votre père qui n'est pas votre frère ?

TOUS.

Non.

BRIOCHÉ.

Eh bien ! c'est votre sœur !

Roulement de tambour.

NICOLET.

De plus fort en plus fort. Savez-vous pourquoi les soldats du maréchal de Villars étaient si maigres au moment de la bataille de Denain.

TOUS.

Non !

NICOLET.

Ils étaient maigres parce que la *vie de camp.... délabre.*

Roulement de tambour

GALIMAFRÉ.

Le candélabre, c'est déjà le siècle des lumières ! Sais-tu Brioché à quel moment un chat commet un infanticide?

JOCRISSE.

Sans doute lorsqu'il est à Chatou ?

GALIMAFRÉ.

Mais non c'est lorsqu'il mange son *mou tard!*

Roulement de tambour.

NICOLET.

Celui-ci si vous le devinez, je vous paie un verre sur le pont-neuf.

GALIMAFRÉ.

A la maison au coin du quai?

TOUS.

Allez-y!

NICOLET.

Quel sorte d'avis donneriez-vous à un batelier?

JOCRISSE.

La vistule.

GALIMAFRÉ, lui donne un coup de pied.

La vitesse, imbécile.

NICOLET.

A un batelier je donnerai un *avis... rond.*

Roulement de tambour.

GALIMAFRÉ.

Je le savoure, mais je préfère le mien. Savez-vous quelle différence il y a entre un sanglier et mon habit.

TOUS, se frappant le front.

Cherchons.

GALIMAFRÉ.

Inutile! Un sanglier a une hure et mon habit une *doublure.*

Roulement de tambour.

NICOLET.

A moi! Quelle différence y aura-t-il dans un siècle entre une usine et une escadre à vapeur?

JOCRISSE.

Bigre! interrogeons les astres.

NICOLET.

C'est que l'usine possédera une cheminée faite avec des briques, et que l'escadre possédera des bricks avec cheminée.

Roulement de tambour.

GALIMAFRÉ.

Qu'est-ce qui ressemble le plus à un clou? C'est un actionnaire, parce qu'il se laisse toujours enfoncer.

Roulement de tambour.

NICOLET.

Quel est le château le plus fragile? C'est le château d'Eu (d'œufs).

Roulement de tambour.

JOCRISSE.

Quels sont les hommes les plus sympathiques les uns aux autres? Les cultivateurs, parce qu'ils *sèment* beaucoup.

Roulement de tambour.

BRIOCHÉ.

Des carottes.

GALIMAFRÉ.

Quel est le fruit le plus royal ? C'est une poire, parce qu'elle a sept *pépins*.

Il chante : c'est ta poir' ta poir' ta poire qu'il nous faut!

JOCRISSE.

Et l'ange qu'on aime le moins, le connaissez-vous ? Non ! Eh bien, c'est *l'engelure* !

Tambour.

GALIMAFRÉ.

Jocrisse, quelle différence fais-tu entre la Russie et la France, au point de vue maritime?

JOCRISSE.

Je sais : La Russie a la mer Noire et la France... l'amer picon.

BRIOCHÉ.

Et la mère Angot.

Tambour.

JOCRISSE.

Comment à Paris ouvririez-vous une bourriche d'huîtres sans couteau ? Eh bien, vous prenez l'omnibus de Charenton.

GALIMAFRÉ.

Pourquoi de Charenton ?

JOCRISSE.

Parce que la ligne de Charenton. — Louvre !

Tambour.

NICOLET.

Si vous étiez Russe à quel abbé voudriez-vous vous confesser !

GALIMAFRÉ.

A l'abbé Résina !... En Russie quel est l'homme qui brûle et mange la chandelle par les deux bouts ?... Le Cosaque !

Tambour.

BRIOCHÉ.

En Russie, comment appelle-t-on, les moss de bière ?

GALIMAFRÉ.

Des... *Moss cou !*

Tambour.

NICOLET.

Que devient votre nez quand il est gelé ?

GALIMAFRÉ.

Il devient russe parce qu'alors mon *nez va* sur la glace. Hein ! il est *caucase* celui-là. (A Bridché, en Russe.) Padji son dourac.

JOCRISSE.

Moi pas comprenir...

GALIMAFRÉ.

C'est du russe, ça veut dire : « Viens ici imbécile. »

NICOLET, à Jocrisse.

Katorritt chasse ?

JOCRISSE.

Moi pas comprenir ?

BRIOCHÉ.

C'est la langue future. C'est du volapuk.

NICOLET.

Pas du tout! C'est du russe bon teint, marousle, je t'ai demandé : quelle heure est-il?

Coup de pied.

BRIOCHÉ.

Il est *midi six!* Tiens, je parle Italien.

NICOLET, lui prenant le menton.

Ya vas loublou donchiutra galoupeka.

BRIOCHÉ.

Si vous continuez à me parler russe, je vais vous envoyer mon chouberski... quelque part.

JOCRISSE.

Quelle différence faites-vous entre Dieu et l'eau? (Silence.) Je vais vous le dire. Dieu créa le monde en six jours et l'O-fit Cléide en si bémol. (Galimafré lui donne un coup de pied).

GALIMAFRÉ.

Tiens, mets ça dans ton cor de chasse.

Aux autres.

NICOLET, mystérieusement.

Mes enfants, je ne vous l'ai pas dit, mais depuis longtemps, je rêve d'abandonner les tréteaux pour fonder un théâtre que j'intitulerai naturellement : Théâtre de la Gaîté et dont je serai directeur.

GALIMAFRÉ.

Ambitieux, va!

NICOLET.

Fidèle à ma devise : « de plus fort en plus fort » ce le sera en effet, car à mon théâtre, chacun aura sa place selon ses œuvres, voici mon plan.

TOUS, l'entourant.

Voyons !

NICOLET, qui a sorti un papier de sa poche, le lisant :

Je mettrai les magistrats au parquet, les académiciens aux fauteuils, les bateliers sur la scène, les douaniers à la régie, les jardiniers au parterre, les perruquiers dans les frises, les cardeurs aux secondes, les concierges dans les loges, les baigneurs dans les baignoires, les orateurs au balcon, les femmes à appas aux avant-scènes, les dévots au paradis et les médecins à l'amphithéâtre.

JOCRISSE.

Et la claque, patron ?

NICOLET, lui lançant une formidable gifle.

Sur ta joue, animal. (En cas de suppression des rôles de l'*Esprit* et de la *Chanson*, enchaîner cette réplique de Nicolet avec celle qu'il a *page 43* et qui commence par : *De plus fort en plus fort, etc.*)

Coup de tam-tam. Tous les personnages restent immobiles dans des poses comiques.

SCÈNE V

LES MÊMES, LA CHANSON, L'ESPRIT FRANÇAIS.

L'ESPRIT, aux pitres.

Amis ! Je vois que vous n'avez pas vieilli et que la gaîté de la France ainsi que son esprit sont immortels. Que l'on puisse dire pendant des siècles encore des bords de la Néva aux rives de la Seine : Vive la France ! vive sa gaîté !

LA CHANSON.

Et vive sa chanson ! En avant les refrains futurs vous allez voir comme on sera littéraire au XIXe siècle.

(Thérésa chantait une de ses chansons).

L'ESPRIT, s'adressant aux quatre pitres toujours immobiles.

Il ne sera pas dit que l'Esprit et la Gaîté vous auront ressuscités pour vous replonger dans le royaume des taupes. Vivez donc, vivez encore.

Les quatre pitres s'animent en poussant un soupir de soulagement.

L'ESPRIT, continuant.

Vous ne changerez que de formes et de noms. Galimafré, Nicolet, Jocrisse, Brioché, s'appelleront désormais : Paillasse, Gringalet, Frisepoulet.

GALIMAFRÉ.

Je vous crois. Il y a là-bas au bout de la place de la Concorde une grande *Chambre* dans laquelle je nous vois des concurrents.

Il chante.

AIR : *Qu'il est flatteur d'épouser celle.*

Vous vous tromperiez fort je pense
Si vous osiez me soutenir
Qu'on n' voit plus d' paillass's en France
C'est un' rac' qui n' peut pas mourir.
Moi, j' prétends que l' père des paillasses
Aura toujours des descendants
Si l'on en voit moins sur les places
C'est qu'ils travaillent en dedans (bis).

NICOLET.

Ceux-là font parade de politique et sont plus pitres que nous.

JOCRISSE.

Nous, nous jouons le vaudeville, tandis que ces farceurs là jouent les *féeries !...*

L'ESPRIT.

Et des féeries... à trucs encore, mais bah ! il y aura

toujours sur les tréteaux des dupeurs et des dupés, des gens d'esprit et des imbéciles.

TOUS.

Vive la gaîté, vive l'esprit français!

**NICOLET.

De plus fort en plus fort. Un sorcier du Pont-Neuf m'a mis en petits couplets quelques-unes des facéties de nos descendants de 1887 et, nous allons les dégoiser ensemble. En avant la grosse caisse.

TOUS.

En avant le boniment.

Air Classique des couplets de fin de revue.

Par des chansons,
Et des flonflons
Sans algarade
Viv'là parade!
Louis XV soyons
Et débitons,
De gais couplets sur tous les tons.

GALIMAFRÉ.

On vient de faire de grands changements.
Sur un ch'min d'fer qui pass'pour funéraire
Pour rédiger de nombreux testaments
Dans chaque wagon on va mettre un notaire.

Reprise ensemble :

Par des chansons.
Et des flonflons, etc.

CHANSON.

On se plaint bien à tort, c'est mon avis
De nos cochers, à l'ivresse notoire,
Comment veut-on qu'ils ne soient pas tous gris
A force de leur donner des... pour boire?
Par des chansons, etc.

Etc.

JOCRISSE

Les tourniquets de chaque exposition
Me font rager chaque fois que j'y rentre,
Car je me dis que c'est une invention
De plus, hélas! pour nous serrer le ventre !
Par des chansons, etc.

BRIOCHÉ

L'ingratitude! est une qualité
Chacun subit partout son influence
Et ce n'est plus qu'au Mont de piété
Qu'on peut trouver... de la *reconnaissance.*
Par des chansons, etc.

NICOLET.

En Angleterre on malmen' les féniants.
Aussi l'autr' jour, j'entendais ma portière
Dire à son homme, espèce de *féniant*
Quand donc vas-tu passer en Angleterre ?
Par des chansons, etc.

L'ESPRIT FRANÇAIS.

Au pont Neuf on m'a dit qu'on rend l'argent
De tout achat qui cesse de vous plaire
Je ne sais pas si j'passerais pour méchant
Si je m'y f'sais rembourser ma bell'mère ?
Par des chansons, etc.

LA CHANSON, au public.

Notre parade est fini, mais je crains
(1) Qu'elle n'ait pas charmé nos nobles hôtes
Si je me trompe, eh bien, que des deux mains
(2) Ils prouvent qu'ils se sont tordus les côtes ?
Par des chansons
Et des flonflons
Sans algarade
Viv' la parade

1. Variante : — « Qu'elle ne soit pas exempte de fautes. »
2. Variante : — Le public prouv' qu'il s'est tordu les côtes.

Louis XV, soyons
Et débitons
De gais couplets sur tous les tons.

Rideau.

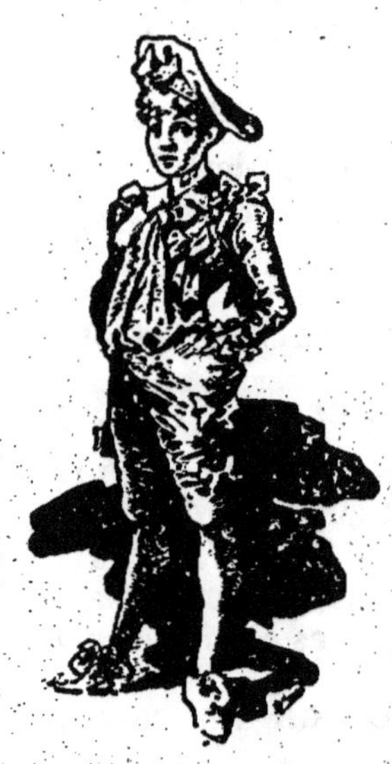

LETTRE

D'UN

CHEVAL DE FIACRE

MONOLOGUE

— *En collaboration avec M. H. Drucker* —

PERSONNAGE

LE COCHER. . . . . . . M. Galipaux, *du Théâtre de la Renaissance*

ACCESSOIRES

Une grande lettre dans une grande enveloppe, un fouet de cocher de fiacre

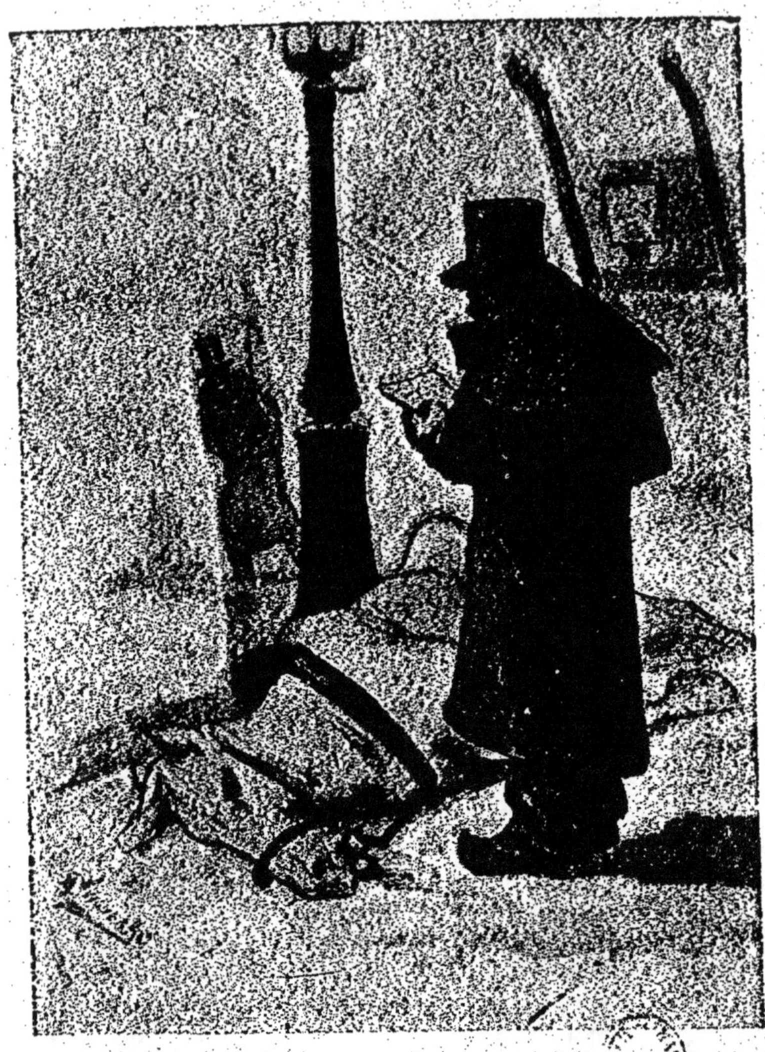

LETTRE D'UN CHEVAL DE FIACRE

LETTRE
D'UN
CHEVAL DE FIACRE

L'artiste entre habillé en cocher de fiacre. D'une main, il tient une large enveloppe et de l'autre un mouchoir à tabac, qu'il porte à ses yeux en signe d'affliction. (Parlé.)

Pauvre coco va! Voilà la lettre qu'il m'a écrite et qu'il a mise lui-même à la poste, rue des Petites-Écuries.

Il ouvre la lettre.

Le cas est étonnant, je suis abasourdi!
Avec juste raison, et si quelqu'un m'eût dit
Un récit aussi fou, du moins en apparence,
Je l'eusse, sur ma foi, malmené d'importance.
Eh bien, j'aurais eu tort. Le fait évidemment
Est neuf; mais je n'en puis douter un seul moment.
Coco, le vieux cheval qui traîne ma guimbarde,
S'est révélé soudain poète et me bombarde
De ses Alexandrins... Vous riez!... comme moi
Je l'ai fait tout d'abord; ce rire se conçoit;
Vous supposez, sans doute, une supercherie;
Eh bien! Détrompez-vous. Allant à l'écurie
Pour le voir, ce matin, j'ai trouvé ce papier,
Placé fort bien en vue, au bord du ratelier.
L'enveloppe portait ces mots : O! mon cher maître,
Voici mon testament! — Tout prêt à disparaître

De ce monde pervers, au nom des animaux,
J'ose élever la voix. Touché de tous les maux
Dont les hommes sans cœur, prétextant de science,
Accablent tous les jours mes frères, en leur défense
J'ai composé ces vers où j'implore merci
Pour les chiens, pour les chats, pour les lapins aussi.
Ah! Que de ces derniers le renom trop funeste
Ne vous arrête pas, croyez-moi, je l'atteste,
S'ils ne réclament pas, c'est par timidité,
Et l'affront qu'on leur fait est bien immérité.
C'est là ce qu'il m'écrit sur un ton de détresse;
Et voici ce qu'il dit, public, à ton adresse.
Je descends du cheval qui, par Caligula,
Fut proclamé consul. Sur cette histoire-là,
Que Dumas (Alexandre) a mise en tragédie,
Je pourrais établir ma généalogie
Si l'on ne chansonnait, en ces temps de malheurs,
Sur des airs trop connus, l'ère des empereurs!
Mais qu'importe après tout, le mieux est que j'arrive
Sans plus long préambule au but de ma missive.
Ai-je, afin de l'écrire avec un peu de chic,
Eu recours au talent d'un écrivain public,
D'un avocat sans cause ou bien d'un journaliste?
Tu t'en moques c'est sûr, tu n'es pas un puriste,
Et tu décrotterais volontiers un oison
Qu'il fut de Carcassonne ou de Pont-à-Mousson.
Pour moi, mon seul désir, est qu'ici tu me prêtes
Une aide secourable et que tu m'interprètes
Près du Seigneur Public, parfois un peu brutal;
C'est, j'en puis témoigner, un *métier de cheval!*
Il donne trop souvent du sucre à des ganaches
Qui ne mériteraient que des coups de cravaches.
A tous ces histrions si je t'ai préféré
C'est, qu'à tort ou raison, tu passes pour *ferré,*
Et qu'à ce bon public tu tires des carottes
Et bien à ta façon tu l'emberlificotes.
Tu passes pour tirer les auteurs d'embarras

Et prêter de l'esprit à ceux qui n'en ont pas.
Une dernière fois avant que je décampe
De ce monde, fais-moi trotter devant la rampe.
Il ne me reste pas le plus petit espoir
Je me verrai sous peu conduire à l'abattoir,
Et l'on fera bientôt, horribles sacrifices!
De mon sang du boudin, de ma chair des saucisses,
Assez d'ignominies, ou plutôt c'en est trop!
Et mes persécuteurs méritent un... galop...
Donne-leur de ma part, cocher, une volée.
Par le cheval de bronze! Ils ne l'ont pas volée.
Rosse-les d'importance, et que ce boniment
Soit de mes assassins le premier châtiment.
Comme l'a dit Boileau; « de Pékin jusqu'à Rome
De tous les animaux, le plus méchant c'est l'homme. »
Aussi quand un beau jour le monde finira
Quel formidable compte on lui demandera!
Oui, mais en attendant, les cochers sanguinaires
Nous font chez le boucher terminer nos misères.
Serons-nous donc toujours malmenés, tracassés,
Les chevaux paieront-ils toujours les pots cassés?
Comme sous Charles IX il vous faut un massacre.
La Saint-Barthélemy des chevaux de fiacre!
Le boucher sans égard pour le sexe ni l'âge
En fait, depuis le siége, un terrible carnage.
Il nous coupe par tranche, et dans aucun quartier,
On ne rencontre plus un seul cheval entier.
Ah! Puisque c'est ainsi, ma tirade sonore,
Hippophages maudits, n'est pas finie encore!
Comme en mon écurie en ton frêle abdomen
Que je goûte du moins les douceurs de l'hymen.
Pardessus mes beefteaks verse-toi pour boisson
Le cliquot des chevaux! Bois son verre de son;
Puis poussant jusqu'au bout ton humeur complaisante
Mâche, par dessus moi, l'avoine appétissante!
Si de ton estomac part un hennissement
Daigne me contenter, caracole un moment!

Ah! Faut-il être goinfre, assez cruel et bête
Pour mettre en pot-au-feu sa plus noble conquête ;
Et quand on peut manger bravement son pain sec,
En faire un faux-filet, un semblant de beefteak,
Triste métamorphose, et changer sa culotte
En aloyau menteur, à force d'échalotte!!!
Grâce à ce procédé, plus féroce que neuf
Mes frères condamnés ont tous un air... de bœuf ;
Le cheval aime l'homme, il aspire à lui plaire,
Et chaque humain lui doit protection sur terre ;
Cochers qui nous frappez, laissez en paix vieillir
Vos malheureux chevaux condamnés à périr.
La faim, le froid, les coups, sont l'éternel supplice
Malgré tous tes efforts, Société protectrice!
Si nous étions méchants, nous serions toujours prêts
A ruer sans pitié sous les cruels fouets;
Avant de nous manger, forfait inadmissible,
L'ogre Paris devrait, ce serait fort possible,
Faire main-basse sur : serins, singes, roquets,
Poissons rouges, bouvreuils, pinsons, chardonnerets;
Les mettre en fricassée, en daube, en gibelottes
Y joignant, au besoin, les tiges de ses bottes;
Manger n'importe quoi; des herbes, du chiendent,
— N'en a-t-il pas vécu jadis, le Père Adam!
Paris qui compte enfin des milliers de mâchoires,
Pour mâcher notre chair, des moins obligatoires,
Paris devrait manger, plutôt que ses chevaux,
Tous les chats, tous les chiens, tous les rats des ruisseaux
— Dois-je croire à ce fait dont un ami m'informe?
Aujourd'hui, paraît-il, une ligue se forme
Dans le but d'édicter de bienfaisantes lois
Qui mettent terme enfin aux horribles exploits
Du troupeau de savants, dont les mains sanguinaires
Prennent tant de plaisir à torturer mes frères,
Et mettent sans façon, en un oubli complet
Ces mots de notre illustre et sage Michelet,
Qui nous a surnommés, lui si grand, ses *semblables*

Inférieurs! Eh quoi! Ces mots si charitables,
Peut-on les oublier! Non, en notre faveur
Nous voyons se liguer enfin les gens de cœur;
Ceux-là sauront braver le bourreau qui nous guette,
Ils se sont souvenus des beaux vers du poète,
De cet appel vibrant, qu'ici j'ai copié:
« Et le cheval tremblant, hagard, estropié.
« Baisse son cou lugubre et sa tête égarée;
« On entend, sous les coups de la botte ferrée,
« Sonner le ventre nu de ce pauvre muet,
« Il râle; tout à l'heure encore il remuait.
« Il ne peut plus bouger et sa force est finie,
« Mais les coups furieux pleuvent, son agonie
« Tente un dernier effort; son pied fait un écart,
« Il tombe, il tombe enfin brisé sur le brancard
« Et, dans l'ombre, pendant que son bourreau redouble,
« Il regarde quelqu'un de sa prunelle trouble,
« Et ce quelqu'un qu'il voit, c'est la raison suprême
« Qui veut que l'homme, qui se respecte lui-même,
« Traite plus doucement les pauvres animaux
« Et ne se plaise pas au métier des bourreaux! »
C'est lâche de se faire un jeu de la souffrance.
On ne laissera pas s'acclimater en France
Ces courses de taureaux; c'est un vilain régal
De voir agoniser un malheureux cheval
Qui, le ventre troué, les jambes vacillantes
Va, semant sous ses pas, ses entrailles sanglantes!
Voilà ce qui se passe, est-ce assez beau cela?
Et l'on voudrait en France importer ces jeux-là?
Que non pas! A cela l'esprit français s'oppose.
Pour moi, ferme croyant à la métempsycose,
Je meurs, pour revenir plus heureux cette fois;
Je ressusciterai dans les chevaux... de bois!

VICTOR-HUE-COCO

FORÇATS DU PLAISIR

DIALOGUE D'ÉREINTÉS

Interprété pour la première fois sur le théâtre du Gymnase ; à Marseille.

PERSONNAGES

HECTOR, 33 ans, oisif . . . . M. HOMERVILLE.
ISABELLE, 28 ans, grande coquette. Mlle DÉSIRÉE

ACCESSOIRES

2 fauteuils, un carnet de bal pour Isabelle.

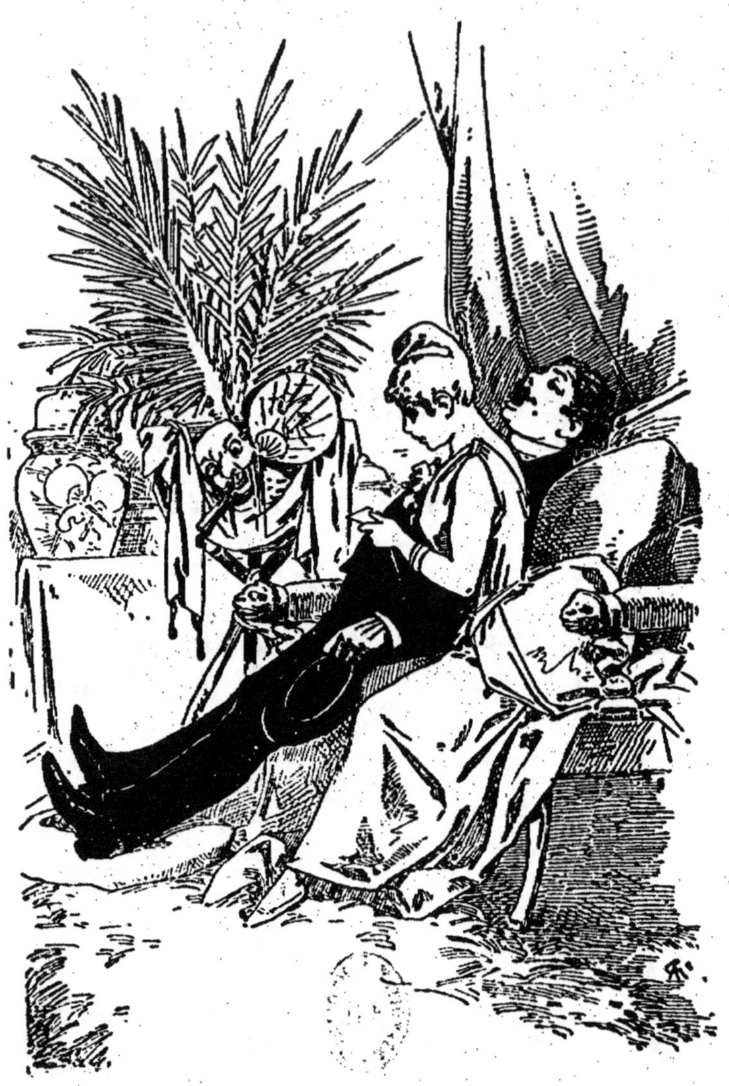

FORCATS DU PLAISIR

FORÇATS DU PLAISIR

UN SALON BOURGEOIS

SCÈNE UNIQUE

Au lever du rideau, Hector et Isabelle en tenue de bal rentrent dans leur chambre. Ils sont exténués. Hector va se jeter dans un fauteuil à droite et Isabelle dans un fauteuil à gauche.

HECTOR.

Ouf! Je suis mort de fatigue.

ISABELLE.

Je suis bien lasse aussi, chéri, mais tu ne peux me refuser de me conduire ce soir au bal des Moutardiers pour y étrenner la belle robe que tu viens de m'acheter et qui est la 159me depuis notre mariage.

HECTOR.

Il est de fait que ta coquetterie inguérissable me coûte cher. Mais tout mon bonheur, et surtout tout mon orgueil, c'est de voir les gens se retourner sur ton passage pour t'admirer dans ta toilette comme on admire une châsse.

ISABELLE, poussant un petit cri.

Oh!

HECTOR.

Qu'est-ce ?

ISABELLE.

Des douleurs rhumatismales au bras et qui me reprennent de plus belle depuis que nous demeurons dans l'île de la Grande-Jatte avec de l'humidité à pied que veux-tu !

HECTOR, poussant un cri.

Oh! mon ventre !

ISABELLE.

Oh! toi ce n'est rien, c'est ton ver solitaire qui se retourne, tu le nourris si bien.!

HECTOR.

Parbleu! Tu ne voudrais pas que je le fisse manger à la cuisine je suppose.

ISABELLE.

Nous avons bien raison de nous donner du plaisir à outrance, va! Car nous n'avons que nous sur la terre.

HECTOR.

Ne me dis pas cela! Tu me chagrines, car tu me rappelles que la fée aux bébés s'obstine à ne pas bénir notre union.

ISABELLE.

Qu'est-ce que cela fait, qu'ai-je besoin d'enfant, ça déforme la taille; il faut leur donner à téter, une vraie corvée! et ça interdit tous les plaisirs que j'adore; les truffes, les huitres, le homard, le théâtre, le bal.

HECTOR.

Toutes tes amies en ont des bébés ; Caroline, notamment.

ISABELLE.

Oh celle-là, il suffit que l'on secoue un pantalon par la croisée...

HECTOR.

Pour qu'elle devienne mère ; ça c'est vrai, crois-moi, un peu de repos, amènerait peut-être un résultat... je serais si fier d'avoir un fils, qui nous ferait sans aucun doute aimer notre intérieur.

ISABELLE.

J'aime bien mieux vivre au dehors... au moins on voit du monde.

HECTOR.

Veux-tu ? essayons pendant un mois seulement, de rester chez nous ; tu trouveras à t'occuper ; tu étudieras ton piano.

ISABELLE.

Le piano ? Il m'embête !

HECTOR.

J'avais commencé à t'apprendre l'espagnol et le javanais et tu t'étais entichée de ces deux langues... je te les apprendrai tout à fait.

ISABELLE.

C'est du travail, et tu sais bien que je n'ai jamais été habituée à travailler.

HECTOR.

Tes parents étaient pourtant de rudes travailleurs.

ISABELLE.

Il te sied bien de me prêcher le travail ; avec ça que tu fais grand chose, toi, depuis que tu m'as épousée avec une bonne dot...

HECTOR, vexé.

Isabelle !...

Il s'assoupit dans son fauteuil.

ISABELLE.

Dame, tu me forces à te dire des choses désagréables. Parlons plutôt des fêtes annoncées pour cet hiver.

HECTOR.

Ronfle dans le fauteuil. — Isabelle s'en aperçoit, se lève difficilement et va à lui d'une démarche traînante.

Comment tu dors. (Elle le secoue.) Réveille-toi donc. Tu sais bien que nous avons un grand déjeuner à onze heures avec ces italiens à qui tu vends de si jolis porte-allumettes.

HECTOR.

Tu es vraiment sans pitié. Ne pas me permettre même un petit somme après six nuits successives passées au bal. Sais-tu comment on nous a surnommés dans plusieurs maisons, où l'on nous blague un peu sur notre amour...

ISABELLE.

Oh ! notre amour !

HECTOR.

Tu ne me laisses pas achever. Je disais : sur notre amour effréné... du plaisir.

ISABELLE.

Eh bien ! Comment nous appelle-t-on? (A part.) Cette robe de bal me sied décidément à ravir.

HECTOR, se levant en bâillant et en s'étirant les bras.

Il paraît que nous sommes les forçats du plaisir.

Il retombe dans le fauteuil.

ISABELLE, riant.

Un bagne où bien des pauvres gens voudraient qu'on les envoyât. (Elle a sorti un petit carnet de bal et le consultant.) Dis donc chéri, mon carnet de bal m'en apprend de belles, tu me redois deux polkas et une valse.

HECTOR, bâillant et balbutiant la langue pâteuse.

Une valse! C'est que je suis éreinté, tu choisiras un autre cavalier, je te le permets.

Il se rendort.

ISABELLE.

Tu n'es donc pas jaloux !

HECTOR.

J'ai trop sommeil !

ISABELLE.

Tu es un faux forçat du plaisir, toi. (Elle pousse un cri.) Oh ! cette douleur. (Elle se prend le bras. Ecrivant sur son carnet) Etablissons le menu du souper, veux-tu chéri ?

HECTOR, se réveillant.

Tu as parlé de souper ! J'en suis. Fais le menu. Des huitres, des chauffrois de cailles, pâté de foie gras truffé...

ISABELLE.

Oh! oui des truffes grosses comme toi.

HECTOR.

Ce n'est pas poli ce que tu me dis là.

ISABELLE.

Oh c'est pour rire, chéri, tu es si bon...

HECTOR.

Bonasse, continue le menu : Du champagne frappé comme s'il en pleuvait sur notre maison de campagne.

ISABELLE, tout à coup inquiète.

Chéri, regarde donc ta montre. Je ne vais avoir que le temps de me mettre en toilette de ville.

HECTOR.

Quelle robe ce matin?

ISABELLE.

Tu le sais bien, chéri, celle que tu aimes tant et qui nous faisait regarder de tout le monde au grand Prix.

HECTOR.

Et ce soir, quelle robe mettras-tu?

ISABELLE.

Celle que Madame Chénier va me livrer tantôt.

HECTOR.

C'est juste? (A part.) Si elle continue, il va falloir queje vende mes panamas et mes gaz.

ISABELLE.

Songes-tu chéri que nous partons demain en voyage?

HECTOR.

C'est vrai, en Belgique avec mon client, qui a un si joli chien havanais; tu ferais bien de m'y laiser aller seul, en Belgique.

ISABELLE.

Jamais. Je veux que tu n'ailles nulle part sans moi.

HECTOR.

Soit! (A part.) Il paraît que je suis destiné à porter les reliques, comme l'infortuné...de la fable! (Haut, regardant sa montre.) Dix heures!

ISABELLE.

Ah mon Dieu déjà! Nous n'avons que le temps! Viens chéri, tu m'aideras (Elle bâille prenant Hector par la main.) à me délacer.

HECTOR.

Elle va se délasser. Je n'aurai, moi, jamais cette chance et je serais toujours forçat *du plaisir*.

ISABELLE, en riant.

A perpétuité! Et si ça ne te plaît pas, chéri, prends-en une autre. (Elle disparaît lestement par une porte à droite en lui faisant un salut gracieux de la main. Hector la suit en marchant comme un homme qui dort debout.)

HECTOR, à part, vanné.

Ah non par exemple! elle n'aurait qu'à être plus coquette.

Rideau.

LA BARONNE... D'EN FACE

COMÉDIE EN UN ACTE

Représentée pour la première fois à Paris, sur le théâtre des Folies-Dramatiques.

— *En collaboration avec M. X**** —

PERSONNAGES

GUSTAVE CHACOPOT, rentier, 40 ans.	MM.	Léon Noël
BONIFACE, commis libraire, 25 ans. . .		GUYON fils
OPPORTUNE CHACOPOT, femme de Chacopot, 30 ans.	Mlle	Cécile BERNIER

La scène à Paris, rue de Rome.

ACCESSOIRES

Un fauteuil, une guitare, un piano, (sur lequel on joue) des partitions de musique, une théière, une tasse, un sucrier, une corbeille de fleurs, une lettre dans son enveloppe, un paquet de lettres attaché avec un ruban ou un fil.

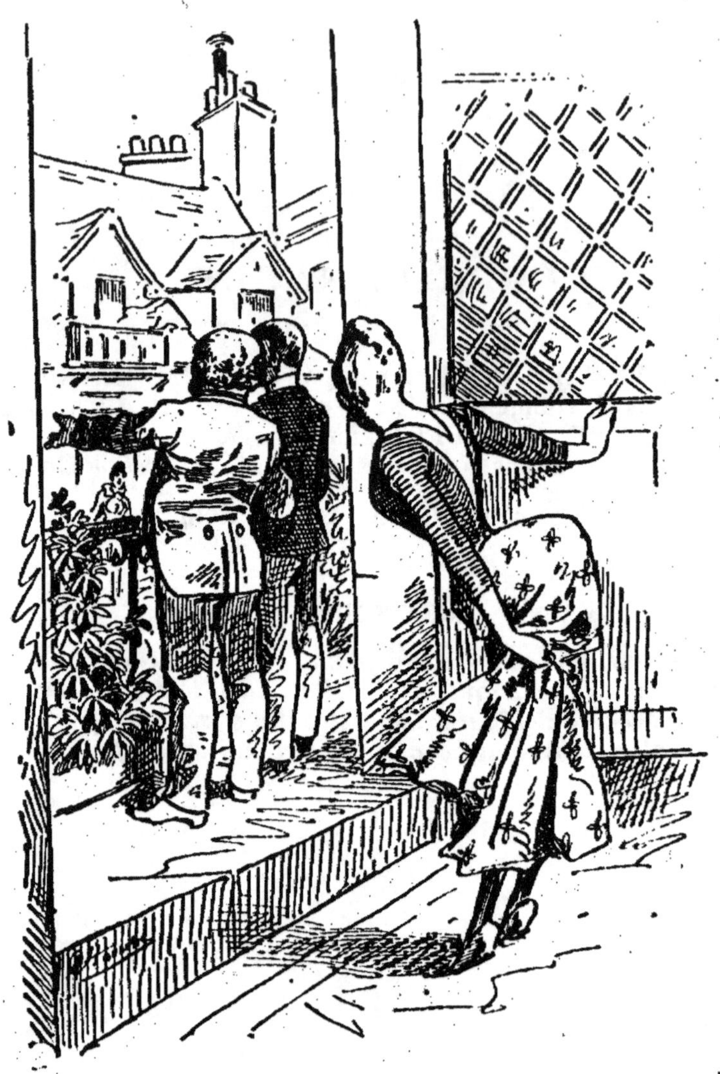

LA BARONNE D'EN FACE

LA BARONNE... D'EN FACE

Décor : Un salon ordinaire. Cheminée à droite. Sur la cheminée, une théière, une tasse, un sucrier. Fenêtre au fond, s'ouvrant de façon à laisser voir, juste en face, une fenêtre à balcon. A droite, un fauteuil, à gauche, presque au milieu, un guéridon. Un peu plus loin, un piano. Sur le piano, des partitions et une guitare. Porte au fond, de face. Deux portes latérales. Près de la fenêtre, une corbeille de fleurs.

SCÈNE PREMIÈRE

CHACOPOT; en petite jaquette de chambre, est assis dans le fauteuil, près de la cheminée. Opportune lui prépare une tasse de tisane.

CHACOPOT, à part,

Voilà trois jours que ça dure.

OPPORTUNE, sucrant la tisane.

Avant cinq minutes, la tisane sera prête.

CHACOPOT, il se lève.

Mais, ma chère amie, si cela continue, avant ce soir, je ne serai plus un homme, je ne serai plus un mari, je serai une outre ! J'ai déjà avalé cinq fois le contenu de... de ce contenant. (Il montre la tasse.) Oh ! non, c'est trop !

OPPORTUNE.

Cependant le pharmacien...

CHACOPOT.

Tu m'amuses avec ton pharmacien.

OPPORTUNE.

Et le médecin.

CHACOPOT.

Ah ! oui, parlons du médecin... C'est le beau-père du pharmacien, un charmant homme, du reste, très fort au piquet. Comme médecin, il ne m'inspire pas beaucoup de confiance... mais aux cartes... Ah ! c'est un homme remarquable. Il triche tout le temps et il appelle ça faire des feintes.

OPPORTUNE.

Tu es un ingrat. Songe-donc qu'en trois jours il t'a presque guéri.

CHACOPOT, il s'assied près du guéridon.

Guéri de quoi ? D'un misérable petit rhume qui en une nuit serait parti tout seul. Ah ! dame ça ne faisait pas l'affaire de M. Purgon, ni de son gendre. Il fallait absolument une petite complication... Ça pose un médecin... Après tout, je ne leur en veux pas, chacun son métier. Le mien était de vendre des ballons rouges, le leur est de vendre des drogues.

OPPORTUNE.

Est-ce que tu regrettes ton fonds ?

CHACOPOT.

Les ballons en baudruche? Allons-donc! jamais seulement...

OPPORTUNE.

Seulement? quoi?

CHACOPOT, se levant, impatienté.

Quelle heure est-il?

OPPORTUNE.

Qu'as-tu besoin de savoir l'heure?

CHACOPOT.

C'est que je vais te dire. Je dois... sortir.

OPPORTUNE, allant à lui en tenant la théière et la tasse.

Sortir? Vous n'y pensez pas... le médecin vous l'a défendu.

CHACOPOT, agacé.

Cependant...

OPPORTUNE.

Il n'y a pas de cependant... Je tiens à ta chère santé moi, si tu n'y tiens pas.

CHACOPOT.

Oui, mais tu ne vas pas, sous prétexte de rhume, m'enfermer, me cloitrer, me séquestrer. C'est que, ma chère amie, après six mois de mariage, tu ne connais pas ton mari, non. Tu ne le connais pas.

Il boit la tasse de tisane qu'on lui présente après avoir distraitement saisi la théière et en avoir approché le goulot de ses lèvres.

OPPORTUNE.

Voyons, mon petit loup.

CHACOPOT.

Tu vas me laisser sortir.

Il dépose la tasse et la théière sur un guéridon en faisant une grimace.

OPPORTUNE.

Oh ! pour ça, non.

CHACOPOT.

Et pourquoi ça ?

OPPORTUNE.

Comment la date d'aujourd'hui ne te rappelle rien !

CHACOPOT.

Non. Le combien sommes-nous ? Est-ce que c'est ma fête ?

OPPORTUNE.

C'est aujourd'hui le 7 juillet. Il y a juste trois mois que j'ai souscrit à ce fournisseur.

CHACOPOT.

Lequel ? Il y en a tant.

OPPORTUNE

Tu sais bien, le couturier qui fait de si beaux manteaux...

CHACOPOT.

Ah ! très bien, très bien. (A part.) Trouvée, ma sortie, trouvée ! (Haut.) Dis donc, Opportune, tu veux savoir pourquoi je tiens tant à sortir. Eh bien, c'est justement pour aller chercher de l'argent et payer le...

OPPORTUNE.

Comment? vraiment? Tu te rappelais ?...

CHACOPOT.

Parbleu ! (A part.) C'en est la première nouvelle.

OPPORTUNE.

Que tu es bon ! Que je reconnais bien là ta suprême délicatesse ! Tu comptais me faire une surprise...

CHACOPOT.

Parbleu ! Je ne demandais que ça.

OPPORTUNE.

Oh ! merci, Gustave !

CHACOPOT.

Il n'y a pas de quoi... Donne-moi mon chapeau.

OPPORTUNE.

A l'instant, mon ami. Mais avant de partir, bois ceci ! Cela te fera du bien.

Elle va au guéridon et verse de la tisane dans la tasse.

CHACOPOT.

Encore de la bourrache ! Oh ! non !

OPPORTUNE, minaudant.

Oh ! si, pour faire plaisir à ta petite femme.

CHACOPOT, après avoir bu, à part.

J'aurais aussi bien fait d'épouser une herboriste.

OPPORTUNE, gagnant la porte de droite.

Je vais te chercher ton chapeau. (A part, avec joie.) Et moi qui croyais être grondée.

Elle sort.

SCÈNE II

CHACOPOT, seul.

Voilà un billet qui arrive joliment à propos. Sans lui, j'étais forcé de chercher une querelle pour sortir. (Montrant la théière.) Satanée tisane! Non, décidément, je ne puis m'y faire. Ah! une idée! On a des fleurs. C'est pour en prendre soin. (Il prend la théière et va à la corbeille de fleurs.) Les miennes ne pourront pas dire qu'elles sont malades. (Il arrose les fleurs avec la tisane.) Depuis trois jours, je ne vis plus. Ma femme n'a qu'à recevoir une lettre de... et... Il y a sept ou huit mois, étant célibataire, et tout ce qu'il y a de plus célibataire, je fis la connaissance d'une baronne de... je ne sais plus combien d'étoiles. Elle n'était pas trop mal... j'étais très bien... Bref, nous en vînmes à nous dire que nous nous trouvions charmants... Que nous étions faits l'un pour l'autre, etc., etc. Nous nous écrivîmes. Elle a des lettres à moi... Quelle imprudence! Ah! ces lettres! Cela dura à peu près 29 jours, pendant lesquels je vis Opportune... Oui, j'étais opportuniste... Et, blessé au cœur, je m'engageai... volontairement dans le régiment paternel... Mais voilà que la veille de la bataille, non, de mes noces, comme j'étais très pressé, ça c'est une habitude, la veille de ses noces on est toujours très pressé. Je prends, pour abréger, le passage Véro-Dodat et fatalité, je m'y rencontre nez à nez avec la baronne. Perfide, me dit-elle, est-ce ainsi que tu gardes la foi que tu m'avais jurée? Il paraît que j'avais juré quelque chose ; je ne sais pas quoi, par exemple ! mais, enfin, à son idée, j'avais juré. La situation devenait très embarrassante... Un ami bienveillant n'avait qu'à me surprendre... Le futur beau-père en était aussitôt informé... et il est probable que je ne serais pas aujourd'hui le mari de ma charmante... car elle est charmante, ma femme... au physique ! des yeux, une bouche, un nez, et au moral donc ! Mais revenons au passage Véro-Dodat. Baronne, dis-je à la dame en question, si je n'avais écouté que mon cœur, et là-dessus, je lui glissai entre les doigts un petit billet bleu. Monsieur, dit-elle en le mettant toutefois dans sa poche, je ne me vends pas ! Mais apprenez que si le 15 de chaque mois vous ne m'apportez pas la même somme, votre femme saura tout. Et voilà comment, moi, Chacopot, je fais une rente écrasante, 1200 fr., à une mégère que je ne peux plus voir en... en photographie... dégradée... J'aimerais certes mieux avoir cinq mille diables à.. mes trousses... Et encore, si elle était dans un quartier perdu... comme elle. Mais non, par un raffinement de cruauté elle est venue loger à côté... ici, dans la maison en face. Opportune qui est jalouse, a dû s'apercevoir de quelque chose, car elle vous flaire une rivale à cent lieues.

Opportune entre par la porte de droite en apportant le chapeau de son mari et une lettre.

SCÈNE III

CHACOPOT, OPPORTUNE.

OPPORTUNE.

Mon ami, une lettre pour moi.

CHACOPOT.

Pour toi, personnellement ? Pas possible (A part.) Ah ! scélérate de baronne !

OPPORTUNE.

Je me demande qui peut m'écrire ?

Elle dépose le chapeau sur une chaise.

CHACOPOT voulant saisir la lettre.

Assurément, c'est pour moi, donne vite.

OPPORTUNE.

Mais non, il y a bien Mme Chacopot.

Elle déchire l'enveloppe, la jette à terre et déplie la lettre.

CHACOPOT, à part.

Une écriture de femme. Ça y est !

OPPORTUNE, lisant.

Madame.

CHACOPOT, à part.

Que faire ?

OPPORTUNE.

« J'ai l'honneur de vous informer que. (Ici Chacopot arrache la lettre, la fourre dans sa bouche et la mâchonne, — stupéfaite.) Tu manges la lettre. Eh bien, qu'est-ce qui te prend ?

CHACOPOT, la bouche pleine.

Moi ? Jamais de la vie !

OPPORTUNE.

Tu l'as encore dans ta bouche.

CHACOPOT.

Tiens, c'est vrai ? Quelle drôle d'idée !

Il se retourne et crache la lettre dans un coin.

OPPORTUNE.

C'est bien la peine de te faire boire de la camomille.

CHACOPOT, à part.

Soyons canaille. (Haut.) Du reste tu en as assez lu pour être fixée.

OPPORTUNE.

Certainement.

CHACOPOT, enflant sa voix.

C'est un fier polisson, ce monsieur.

OPPORTUNE.

Quel monsieur ?

CHACOPOT, avec éclat.

Ah ! Madame, jouez donc de l'étonnement avec moi, je vous le conseille.

OPPORTUNE, froissée.

Comment, monsieur, vous osez encore.

CHACOPOT.

Parfaitement, parfaitement.

OPPORTUNE, ramassant l'enveloppe à terre.

Eh bien, tenez, lisez.

Elle lui met l'enveloppe sous le nez.

CHACOPOT.

Eh bien ?

OPPORTUNE.

Eh bien, ne voyez-vous pas qu'il y a un timbre sur cette enveloppe ! Qu'y lisez-vous, sur ce timbre ?

CHACOPOT.

Maison Cornot. Spécialité de manteaux. Oh ! c'était du marchand de confections,

5.

OPPORTUNE.

Du fournisseur en question.

CHACOPOT, à part.

Imbécile ! (Haut.) Pardonne-moi, on n'est jaloux que de ceux qu'on aime.

OPPORTUNE, lui donnant son chapeau.

Voici votre chapeau, monsieur.

CHACOPOT, prend le chapeau et le tient d'une main derrière son dos.

Un baiser sur ce front qui m'est cher.

Il veut embrasser sa femme.

OPPORTUNE, se reculant.

Vous le feriez rougir, monsieur.

CHACOPOT, à part.

Diable! J'ai pris peur trop tôt. (Haut.) Je vais payer le manteau, tu m'entends. (A part.) Chez la baronne d'en face et plus vite que ça ?

Il sort vivement par la droite.

SCÈNE IV

OPPORTUNE, seule.

Si je me mettais au balcon pour voir où il va?.. C'est une idée.

Elle ouvre la fenêtre et disparaît peu à peu sur le balcon.

SCÈNE V

BONIFACE, puis OPPORTUNE.

BONIFACE, entre par la porte de gauche, son chapeau à la main.

Personne en haut... personne en bas. Par en bas, j'entends la loge du concierge. Voilà comme les maisons sont bien gardées aujourd'hui. Voyons donc la lettre. Me serais-je trompé par hasard ? Il y a bien deuxième étage. Ainsi, je suis chez... Comment s'appelle-t-elle déjà ? Baronne de Rosafiera. Délicieuse petite baronne. J'ai fait sa connaissance aux Folies-Bergère. Tiens, mais elle est très-bien logée, la petite Rosafiera. Je regrette maintenant de l'avoir rencontrée aux Folies Bergères. Après ça, vous me direz qu'il y a des baronnes qui ont des idées... baroques. Cela expliquerait jusqu'à un certain point sa présence au milieu des admirateurs de la trapéziste Léona Dare. En ma qualité de principal commis d'une de nos plus grandes librairies, je lis beaucoup... je suis au courant du mouvement littéraire, comme on dit ; et, dans les romans, on voit des baronnes et même des comtesses, la plupart du temps se conduire comme de vulgaires cocottes. C'est curieux : toutes les fois que mon esprit s'arrête sur une femme, le souvenir de l'ingrate Balbine, ma cousine, pas germaine heureusement, arrive au galop et me crie : halte-là ! Ah ! Balbine, tu m'as lâché bien indélicatement... Balbine est mon premier amour. Je passais quelquefois des journées entières à lui composer des sonnets que... je copiais dans les volumes du magasin... mais Balbine n'aimait pas les sonnets, non, elle rêvait autre chose qu'une simple chaumière. Enfin, un beau jour elle partit avec mon ami Victor... Depuis ce jour là nous ne sommes plus cousins... Ah ! ça plus j'examine cet ameublement, plus je le trouve confortable. La baronne est musicienne. (Il va au piano.) Un piano, une guitare... Elle pince de tous les instruments. Elle n'a que cinq cordes, la guitare. Ah ! quelle révélation : je suis chez une jeune veuve ! Rosafiera est une jeune veuve. Le baron jouait de la guitare et depuis qu'il est mort, il n'en joue plus ! Oh ! c'est que j'ai une imagination rare. Je reconstitue tout de suite les faits tels qu'ils sont.., avec des indices insignifiants. (Allant au guéridon, prenant la théière.) Bon, de la tisane ! maintenant ! Elle se sera probablement enrhumée en sortant du spectacle. Cela veut dire qu'elle n'a pas l'habitude de rentrer tard, et qu'elle mène une vie très sédentaire. C'est déjà une garantie. Tiens, mais elle sent très-bon, cette tisane. Moi, d'abord, quand je suis seul, je ne me gêne pas. (Il se verse une tasse et l'avale.) Ah ! le sucre n'est pas fondu. (regardant la petite cuiller.) Diable ! de l'argenterie ! sapristi ! pas de blason ! C'est une baronne... ruoltz.

SCÈNE VI

BONIFACE, OPPORTUNE.

OPPORTUNE, reparaissant par la fenêtre, sans voir Boniface.

Plus de doute, il vient d'entrer au 17, en face.

BONIFACE, à part, la petite cuillère à la main.

C'est du métal blanc, 6 francs les douze petite cuillères.

OPPORTUNE, à la vue de Boniface reculant effrayée.

Ah ! un voleur !

BONIFACE, se levant vivement.

Diable ! c'est elle ! Et j'ai l'air de vouloir emporter ses petites cuillères.

OPPORTUNE, très émue.

Monsieur, voulez-vous me dire ?

BONIFACE, saluant jusqu'à terre.

Madame, recevez mes....

OPPORTUNE, s'avançant un peu vers lui.

De quel droit vous permettez-vous ?

BONIFACE.

Mon Dieu, madame, je... je... (A part.) Dieu ! que je dois avoir l'air seringuinos.

OPPORTUNE, brave.

Monsieur, sortez ou j'appelle!

BONIFACE, remontant.

Je sors, je sors, seulement, que diable, madame. Si je me suis permis de venir troubler votre repos, c'est que je m'y croyais en quelque sorte autorisé. J'ai sur moi...

OPPORTUNE, à part.

J'aurais dû le deviner plutôt. C'est le couturier. Donnez-vous donc la peine de vous asseoir.

Elle lui présente une chaise.

BONIFACE.

Merci, madame, je n'en ferai rien. (A part, la lorgnant.) C'est curieux, je reconnais bien la taille, la bouche, les yeux, le nez, mais la voix... on m'a changé ma voix.

OPPORTUNE, très gracieuse.

Excusez-moi, Monsieur, de vous avoir fait attendre. Je vous assure que la faute n'en est pas à moi, mais à mon mari.

BONIFACE.

Ah! madame, de grâce, n'évoquez pas des souvenirs aussi attristants (A part). Je disais bien : c'est une jeune veuve.

OPPORTUNE.

Ne croyez pas pour cela que je vous aie oublié.

BONIFACE.

Comment il se pourrait... j'aurais le bonheur !...

OPPORTUNE.

Le souvenir de cette petite folie ne m'est revenu que trop souvent à la mémoire. (A part.) Un manteau de 1200 francs !

BONIFACE.

Vous appelez folie ce qui a été pour moi le *nec plus ultra* de la félicité, madame, car songez que depuis le soir où j'ai eu l'honneur de déposer un brûlant baiser sur votre blanche main, je, je...

OPPORTUNE, changeant de ton.

Hein?

BONIFACE, à part.

Non, je vais trop vite pour une femme honnête et... musicienne. Quatre cordes ! il faut aller piano ! (Haut.) Oui, madame, depuis que j'ai eu l'honneur de vous apercevoir, votre image est restée incrustée dans mon cœur et... de même que la cire molle, il en garde l'empreinte ineffaçable.

OPPORTUNE, embarrassée.

Mais, monsieur, j'ai beau interroger ma mémoire, je ne me souviens pas...

BONIFACE.

Depuis ce jour, je n'ai plus eu qu'une pensée, Mme la baronne.

OPPORTUNE.

La baronne ?

BONIFACE.

Me jeter à vos pieds !

Il fait mine de s'agenouiller.

OPPORTUNE.

Comment vous êtes-vous souvenu de moi ? C'est à peine si vous avez pu me voir deux ou trois fois à votre magasin.

BONIFACE, *à part.*

Hein? Comment?... Au maga... Ah! sapristi!... Elle sait que je suis commis libraire. (*Haut.*) Oui, madame, effectivement, j'avoue que...

OPPORTUNE.

Et puis, je dois vous dire, puisque nous sommes sur le chapitre du magasin, que le manteau ne me plaît plus.

BONIFAGE.

Quel manteau ?

OPPORTUNE.

J'en voudrais un autre meilleur marché...

BONIFACE, *à part.*

Je suis fixé... C'est une carottière. C'est une baronne de la fourchette... (*Haut.*) Vous l'aurez ma... ma... madame. Je n'ai pas osé dire ma petite.

OPPORTUNE, *à part.*

Et mon mari qui ne rentre pas... Je ne sais plus que dire à ce gommeux. (*Haut.*) Aimez-vous la musique, monsieur ?

BONIFACE.

La musique ! Heu ! heu ! Je l'adore, madame, la baronne. Je l'adore. (A part.) Quatre cordes !!!

OPPORTUNE.

Permettez-moi de vous dire aussi que vous me décernez-là un titre qui ne m'appartient nullement... Je ne suis point baronne.

Elle s'assied au piano et joue.

BONIFACE, à part.

Ah ! eh bien ! ma parole d'honneur, je m'en doutais. On n'est pas plus franche. Au moins, maintenant, je sais à quoi m'en tenir. J'aime mieux cela, je suis plus à l'aise. Vous devez chanter comme un rossignol.

OPPORTUNE, avec coquetterie.

Oh ! je chante... comme tout le monde.

BONIFACE.

Vous avez toutes les grâces, tous les charmes... Quatre cordes ! Ah ! Rosafiera ! nous sommes bien faits l'un pour l'autre.

OPPORTUNE, se levant brusquement.

Rosafiera ? Je vous préviens, monsieur, que s'il en est qui se plaisent à vous écouter... il en est d'autres... qui n'y trouvent aucun charme.

Elle gagne la porte de droite et sort en refermant cette porte à clé.

BONIFACE.

C'est gentil. Rosafiera, c'est gentil, me traiter ainsi moi qui vous aime, qui vous adore, qui... Sapristi ! elle m'enferme à double tour...

SCÈNE VII

BONIFACE.

C'est inconcevable... c'est... tu auras ton manteau... Je te le promets, tu l'auras... Toutes mes économies y passeront, mais elle aura son manteau... Je réfléchis à autre chose, c'est que mes économies, mes économies, c'est comme qui dirait... un compte fictif... Sapristi de sapristi ! Il faudra bien que par un moyen ou par un autre... Mais c'est quelle cet ravissante... ravissante. Voyons, cherchons. Si Archimède n'avait rien cherché, Archimède n'aurait rien trouvé. C'est clair ! J'ai bien mon oncle, il est très riche, mon oncle. Je l'aime beaucoup, mais c'est qu'il m'a carrément expliqué mon fait... « Si tu n'épouses pas Balbine, m'a-t-il dit, un jour que nous causions affaires, tu peux, mon garçon, mettre ta bourse en loterie. » Balbine, c'est ma cousine. Elle n'est pas mal, elle est même jolie, mais enfin... c'est ma cousine. Il y a quelques années, nous jouions encore à saute-mouton... Ah ! sans penser à mal ! Et puis, elle est trop naïve, ma cousine. Ainsi, par exemple ; vous éternuez, elle éclate de rire ; aussi ai-je demandé six mois pour réfléchir, il y a de cela deux ans, et je réfléchis encore. (Allant à la porte de droite.) Du bruit... peut-être pourrais-je voir par le trou de la serrure.

Il met l'œil au trou de la serrure.

SCÈNE VIII

BONIFACE, CHACOPOT.

CHACOPOT, entre par la porte de gauche, il a très chaud, il vient au trou du souffleur et ne peut voir Boniface.

Ah ! je respire ! la corvée est faite ! J'ai vu la baronne d'en face, elle m'a accordé jusqu'au 20 du mois prochain pour lui verser ma contribution indirecte, je puis être parfaitement tranquille jusque-là, me contentant de quelques œillades réciproques de balcon à balcon. Ah! une particularité assez curieuse, et qui n'a pas été sans me faire réfléchir... D'abord, pas de cerbère dans la loge. A mon grand regret, je suis donc forcé de monter à tout hasard chez la personne en question. Je monte donc, tout en maudissant mon malheureux sort, lorsqu'arrivé au deuxième, je trouve la porte entr'ouverte; Naturellement, je frappe, aussitôt j'entends une douce voix me dire : Est-ce vous, Ernest? Comme je m'appelle Gustave, vous comprenez mon étonnement? Néanmoins, je me nomme, et cinq minutes après on m'avait expliqué que... Ernest était le nom du bon ami de la caméristе. Moi, avec l'air bonasse qui me caractérise; j'ai eu l'air d'avaler la pilule, mais voici mon plan. Je m'arrange de manière à découvrir cet Ernest, je me l'attache, je lui promets monts et merveilles, et je fais si bien que par amitié ou moyennant finances, il m'aide à la soustraction de mes lettres à la baronne. Dès lors, je suis libre, il n'y a plus de preuves, ma femme peut recevoir épître sur épître, sans que ma tranquillité en soit menacée. En outre, j'ai un moyen bien simple de découvrir l'Ernest authentique. Je me poste sur mon balcon. Tenez, le voici, le balcon... Hein? un homme? Eh! là-bas, monsieur...

BONIFACE, à part.

Aïe! Un rival! Intimidons-le!

CHACOPOT, en matamore.

Soit, monsieur, puisque vous le voulez. Je vous avertis que je vous tuerai.

BONIFACE.

J'allais vous donner le même avertissement.

CHACOPOT.

Soit, j'ai le choix des armes, vous recevrez un coup d'épée.

BONIFACE.

Et vous, une balle dans la tête.

CHACOPOT, à part.

Il est crâne. (Haut.) Assez feindre, monsieur, votre carte, votre nom?

BONIFACE.

Mon nom, mon nom de guerre, soit. Ernest Bobœuf.

CHACOPOT, à part.

Le fils du Phénol! Fichtre!

BONIFACE, à part.

Ah! Rosafiera! Il paraît que je ne suis pas le seul. (Haut.) Ecoutez-moi bien, je ne sortirai pas d'ici qu'elle n'ait opté. Vous ou moi... Et je crois que Rosafiera a trop de bon sens...

CHACOPOT.

Hein? Rosafiera — le nom de la baronne d'en face. Il sait tout!

La porte de gauche s'ouvre. Opportune entre à pas comptés.

SCÈNE IX

LES MÊMES, OPPORTUNE.

BONIFACE, allant au devant d'Opportune.

Arrivez, arrivez, belle dame... On ne vous voit plus. Vous êtes rare comme....

Il veut lui baiser la main.

CHACOPOT, à part.

Bon! ma femme!

OPPORTUNE, allant à Chacopot.

Ah! mon ami, te voilà enfin! Je t'attendais avec impatience. Il y a longtemps que tu es ici?

CHACOPOT, embarrassé.

Non, c'est-à-dire. Je suis ici... depuis... depuis que je suis rentré.

BONIFACE, à part.

Comment, elle me préfère ce chimpanzé.

OPPORTUNE, à part.

Mon mari a l'air tout drôle.

CHACOPOT, à part.

Pourvu que l'animal ne parle pas. (Bas à l'oreille de Boniface.) Pas un mot de grâce... (Haut à Opportune.) Ma chère, je te présente. (A part.) Comment l'empêcher de parler!

Opportune est allée à la cheminée.

BONIFACE, à part.

Décidément, cet homme lui fait peur. (Haut à Chacopot.) Dites donc... Allez-vous en.

CHACOPOT, outré.

Comment ? que je m'en aille ?

BONIFACE, à Chacopot.

Si vous ne me laissez pas le champ libre, auprès de Rosafiera, je ne réponds de rien.

CHACOPOT.

Vrai ! vous soupirez après le cœur de la baronne? Je vous l'abandonne avec joie. (A part.) Enfin, il va donc s'en aller.

Opportune est en train d'arranger la corbeille de fleurs au fond.

BONIFACE.

Eh bien?

CHACOPOT.

Vous restez?

BONIFACE.

Vous ne partez pas?

CHACOPOT.

J'allais, sapristi, vous faire la même question.

BONIFACE.

Je dirai tout à Rosafiera, que vous êtes marié...

CHACOPOT, riant.

Ça m'est bien égal.

BONIFACE.

A votre femme, que vous avez une maîtresse.

CHACOPOT.

Oh ! non, oh ! pour cela, non !

BONIFACE.

Soit, je ne dirai rien... seulement allez-vous en, laissez-moi seul avec...

CHACOPOT.

Avec... avec elle.

BONIFACE.

Oui, mais seul.

CHACOPOT.

Oh ! pour cela, par exemple, c'est trop fort!

BONIFACE.

Vous l'aurez donc voulu. (Haut, allant à Opportune.) Madame, il est, je crois, de mon devoir de vous éclairer.

CHACOPOT, vivement.

N'éclairez pas. Je vous défends d'éclairer.

BONIFACE.

Cet homme, madame est...

CHACOPOT.

Ce n'est pas vrai!

BONIFACE.

Nierez-vous que vous êtes marié?

CHACOPOT.

Ce n'est pas... Hein! qu'est-ce qu'il dit?

BONIFACE.

Vous voyez, madame, il avoue.

CHACOPOT, à part.

Bah ! si c'est tout ce qu'il va conter à ma femme.

OPPORTUNE.

Eh bien ! Monsieur, je ne trouve là rien que de très naturel.

BONIFACE.

Comment, je vous dis qu'il est marié, et vous trouvez cela tout naturel.

OPPORTUNE, riant.

Mais certainement.

BONIFACE, à part.

Elle n'a pas l'air de... Insistons. (Haut.) Je le vois, chère madame, vous croyez à une mauvaise plaisanterie de ma part. Je maintiens mon dire, toutefois, jusqu'au moment où je pourrai vous apporter des preuves palpables.

OPPORTUNE, à Chacopot.

Ah ! ça, Monsieur que dois-je croire ?

CHACOPOT.

Mais, ma chère amie, tu vois bien que c'est une plaisanterie, une méchante plaisanterie de fumiste.

OPPORTUNE, agacée.

Mon ami, paie monsieur, et qu'il s'en aille.

CHACOPOT.

Que je le paie, lui?

BONIFACE.

Et que je m'en aille?

OPPORTUNE.

C'est lui qui a mon billet.

CHACOPOT.

Ah! c'est lui qui... Mais il ne l'a pas dit... Si vous ne m'aviez pas caché que votre visite eut pour prétexte ce billet.

BONIFACE.

Vous savez donc?

CHACOPOT.

On ne me cache rien... Sans plus tarder je vais vous payer.

BONIFACE.

Me payer? me payer quoi? Oh! chère madame, voyez la preuve de ce que j'avance. Cet homme me parle d'argent. Il se trahit lui-même, il veut évidemment acheter mon silence. De vous à moi, le procédé est naïf.

OPPORTUNE, *furieuse, montrant la porte à Boniface.*

Sortez, monsieur.

CHACOPOT.

Et vivement, ou sinon.

Simulacre d'un coup de pied quelque part.

BONIFACE, *fausse sortie.*

Si non? On n'est pas trop hospitalier. Ah! ça, ma chère madame je demande à tirer cette affaire au clair. Pourquoi m'avez-vous écrit? Ce n'est pas, je suppose, pour avoir le plaisir de me mettre à la porte.

CHACOPOT.

Qu'est-ce qu'il dit?

OPPORTUNE.

Moi je vous ai écrit?

BONIFACE.

Dame. Un peu. (A part.) Elle a de l'audace.

OPPORTUNE.

C'est vous qui m'avez écrit.

BONIFACE.

Moi! Ah! par exemple!

OPPORTUNE.

Montrez-moi ma lettre.

BONIFACE.

Montrez-moi la mienne.

OPPORTUNE.

Mon mari l'a mangée.

BONIFACE.

C'est donc ça qu'il a une mine de papier mâché.

BONIFACE, à Chacopot.

Comment, c'est votre femme?

CHACOPOT.

Vous vous en apercevez seulement?

BONIFACE.

Quelle amphigourie!

OPPORTUNE.

Et quand à la prétendue révélation que vous avez cru devoir me faire, elle ne me touche en rien. Mon mari m'a juré fidélité, je crois en sa parole, et il ne doute pas de la mienne. Au plaisir de ne plus vous revoir, monsieur.

Elle sort par la droite en riant aux éclats.

SCÈNE X

CHACOPOT, BONIFACE.

CHACOPOT, à Boniface.

C'est Rosafiera qui vous a envoyé ici pour prévenir ma femme ?

BONIFACE.

Mais encore une fois, je ne connais Rosafiera que pour l'avoir vue aux Folies-Bergère où je lui passais quelques poulets qu'elle m'a restitués avant-hier. Si je me trouve chez elle, et par conséquent chez vous, c'est parce qu'elle m'a donné rendez-vous rue de Rome, 27, au 2e étage, une maison neuve.

CHACOPOT.

Ah ! je comprends tout... Vous vous êtes trompé. Vous avez pris ma maison qu'on vient de badigeonner... pour la baronne... La baronne est en face. Tenez voyez, son balcon fait face au mien.

Il le mène à la fenêtre.

BONIFACE.

Je reconnais mon erreur. Je vais traverser la rue ; mais dites-donc, entre nous, ça vaut-il la peine ?

CHACOPOT, tirant la langue.

Heu ! heu ! (Vivement.) Tiens, parbleu ! Je crois bien ! J'allais laisser échapper une occasion superbe avec lui, je suis sûr de ravoir mes lettres. Et ma femme n'y aura vu que du feu.

SCÈNE XI

LES MÊMES, OPPORTUNE.

OPPORTUNE, rentrant.

Encore ici, Monsieur?

CHACOPOT, à la fenêtre, à Boniface, sans voir Opportune.

Ne vous trompez pas. C'est à gauche la grande porte.

OPPORTUNE, à part, répétant.

A gauche? La grande porte?

CHACOPOT.

Vous montez au deuxième et... tenez, la voilà qui précisément prend l'air, sur son balcon. Il y a un pied de cerf au cordon de sonnette.

BONIFACE.

Hein? que vois-je? Balbine! Rosafiera, la baronne d'en face et Balbine ne font qu'une. Ah! C'est trop fort. (A Chacopot.) Mais alors, monsieur, Balbine, la baronne, Rosafiera, tout ça, c'est votre maîtresse.

OPPORTUNE, à part.

Je suis fixée!

CHACOPOT, à part, à Boniface.

Chut! ma femme!

BONIFACE, à Opportune.

Ah! chère madame, recevez toutes mes excuses. Je me

suis présenté et conduit chez vous comme un véritable palefrenier et...

OPPORTUNE.

Bon. Monsieur, je vous remercie au contraire de m'avoir éclairée sur moi-même. J'avais cru à de la calomnie de votre part. Hélas, il n'en est rien ! j'ai trop longtemps été votre dupe, monsieur. A partir de ce jour, il n'y a plus rien de commun entre nous.

CHACOPOT.

Mais Opportune, tu sais bien que je t'adore.

OPPORTUNE.

Je ne suis plus assez sotte pour le croire. Et qu'alliez-vous faire tantôt dans la maison en face ?

BONIFACE.

Bigre !

CHACOPOT.

Tu es dans l'erreur.

OPPORTUNE.

Ne niez pas... j'ai vu... de mes yeux vu.

CHACOPOT, à part.

Diables de balcons ! Satanés balcons ! Et dire que vous avez un tas de gens qui aiment à pérorer dessus.

Il éternue.

OPPORTUNE, riant.

A vos souhaits.

CHACOPOT, à part.

Ma femme m'a pincé et moi, j'ai pincé un corysa. (A Boniface.) Vous savez, je vais tâcher de lui faire donner congé à la baronne d'en face, mais avant, puisque c'est votre cousine, vous seriez bien gentil de lui chipper mes lettres.

BONIFACE.

Moi, roublard, j'ai les miennes! tenez.

Il sort un paquet de lettres de sa poche.

BONIFACE.

On peut faire ça pour vous. Où sont-elles ?

CHACOPOT.

Dans le vase!

BONIFACE, choqué.

Pas possible ?

CHACOPOT.

Dans le vase de Chine qui est sur le meuble de Boule.

BONIFACE.

A la bonne heure. En attendant, moi, j'ai les miennes.

CHACOPOT.

Veinard! Bidard!

BONIFACE, sortant de sa poche un paquet de lettres de dimensions exagérées.

Les voici!

Il les fait danser par le fil qui les retient devant le nez de Chacopot.

CHACOPOT, regardant les lettres du coin de l'œil.

C'est mon écriture ça!

BONIFACE.

Comment votre écri...

CHACOPOT.

Mais oui. (Saisissant, joyeux, le paquet de lettres.) Je tiens mes lettres! Il a pris mes lettres!!! (Serrant la main de Boniface.) Merci, cœur d'or, merci!

Il met les lettres dans sa poche.

BONIFACE.

Bigre! il n'est que temps que je repince les miennes. Je vole chez la baronne à triple face, mais c'est égal, j'ai fait un impair qui vous tire d'une mauvaise impasse. (Saluant gaiement.) Bien le bonjour, heureux couple.

Il sort vivement et élevant les mains au ciel.

SCÈNE XII

CHACOPOT, OPPORTUNE.

CHACOPOT, toussant.

Hum! hum! hum!

OPPORTUNE, malicieuse.

Allons, bon, tu t'es enrhumé. Veux-tu des quatre fleurs?

Elle lui présente une tasse de tisane.

CHACOPOT.

Non, d'une tisane bien meilleure, (L'embrassant à pincette.) des quatre... baisers!

Rideau.

LE
BAIN DE VAPEUR

DIALOGUE MENTAL ET SUDORIFIQUE

A TRANSFORMATIONS

Représenté pour la première fois sur la théâtre des Bouffes-Bruxellois.

PERSONNAGES

JOUVINARD, rentier, 40 ans	MM. LEGRENAY.
CYPRIEN, son domestique........	LÉON NOEL.

ACCESSOIRES

Un paravent, la boîte à vapeur (très facile à faire), elle se compose de 4 chassis entoilés, le couvercle percé d'un trou central pour passer la tête est également entoilé, un bout de tuyau en métal avec un robinet sort de la boîte et va se perdre dans la coulisse; il simule, le tuyau qui amène la vapeur dans la boîte; un fauteuil, deux chaises, un guéridon, sur la glace une pancarte avec cette inscription : On est prié de modérer sa vapeur; au mur, un porte-manteau auquel sont accrochés les vêtements de Jouvinard, un gilet vert, barbe favoris postiches pour Cyprien, un sabre de dragon, 1 bouteille de vin et un verre sur un plateau, une petite glace-miroir ; serviette pour faire un turban à Jouvinard et lui essuyer la figure, un cold-cream ou pommade de couleur goudron pour lui noircir la figure ; un bouton électrique sur le mur.

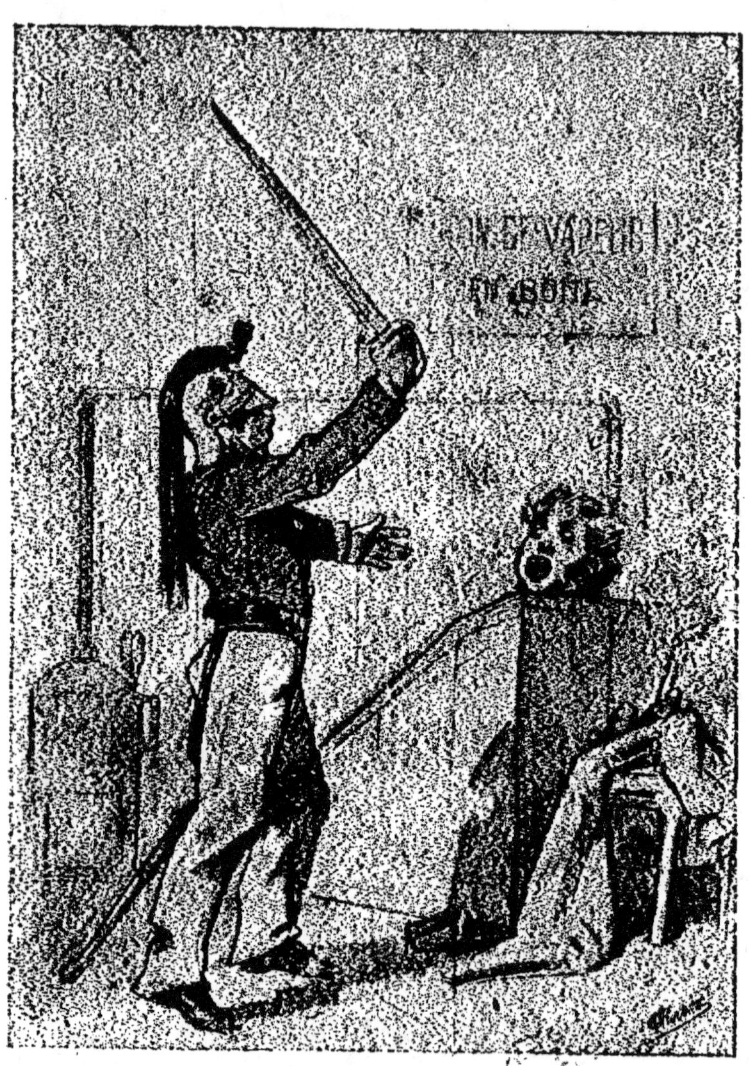

LE BAIN DE VAPEUR

LE

BAIN DE VAPEUR

Une chambre de bain de vapeur. Au lever du rideau, la boîte à vapeur est cachée par un paravent déployé — Ameublement : un fauteuil, deux chaises, un guéridon. — A droite, cheminée et glace. Sur la glace, une affiche avec cette inscription « *On est prié de modérer sa vapeur* » au mur, un porte-manteau auquel sont accrochés des vêtements d'homme et un chapeau gibus.

SCÈNE PREMIÈRE

CYPRIEN, JOUVINARD.

Au lever du rideau, Cyprien, en tenue de domestique se tient à droite à côté de la boîte.

CYPRIEN.

Si Monsieur est bien installé dans sa boîte, je vais lui lâcher la vapeur ammoniacale.

JOUVINARD, invisible, derrière le paravent.

Enlevez le paravent.

CYPRIEN, courant enlever le paravent.

C'est juste, maintenant on ne voit plus que la tête de Monsieur. (A part.) oh! c'te tête !

La tête de Jouvinard apparaît, émergeant de la boîte à vapeur.

JOUVINARD.

Cyprien, mettez-moi une serviette sur le front.

CYPRIEN.

Voilà ! voilà ! Monsieur. (Il met la serviette de façon à en faire un turban ridicule.) Monsieur ressemble à un Kroumir.

JOUVINARD, vexé.

Je ne vous demande pas à qui je ressemble.

CYPRIEN, courant au cylindre.

J'ouvre le robinet.

JOUVINARD.

Modérément, je veux rester plus longtemps qu'hier.

CYPRIEN, sortant un petit thermomètre de son tablier.

Je connais le tempérament de Monsieur. Il peut supporter 40 degrés.

JOUVINARD.

Pas d'imprudence, surtout.

CYPRIEN.

Allons donc ! Ce n'est pas parce que Monsieur m'a donné mes huit jours que je me permettrais de... Oh ! Monsieur !...

JOUVINARD.

Bien ! J'apprécie cette délicatesse.

CYPRIEN, à part.

Bourgeois naïf ! Il croit tout ce qu'on lui dit.

JOUVINARD.

Ouf! ... ça commence à chauffer.

CYPRIEN.

Est-ce que Monsieur a trouvé un autre domestique ?

JOUVINARD.

Oui, oui.

CYPRIEN.

Ah ! bah !... déjà ? (A part.) Canaille !

JOUVINARD.

A quoi bon vous occuper de votre successeur, je vous mettrai de bonnes notes sur votre certificat ; c'est tout ce que je puis vous promettre.

CYPRIEN.

C'est déjà quelque chose, cela. Monsieur est trop bon. (A part.) Je n'en veux pas de tes bonnes notes.

Il va au robinet de vapeur et le tourne.

JOUVINARD.

Ah! ah! ah ! ah ! ah !!! trop de vapeur ! trop de vapeur !!!

CYPRIEN.

Je veux bien, moi, mais Monsieur a tort. Quand on est perclus de vieilles douleurs comme Monsieur, on les cuit, on les rissole... Ah! Monsieur paye chèrement ses fredaines de jeune homme.

JOUVINARD, brutalement.

Je ne vous demande pas ce que je paye... Regardez l'heure à la pendule.

CYPRIEN.

Trois heures dix-sept. Monsieur.

JOUVINARD.

Ma femme va venir me chercher à quatre heures moins un quart.

CYPRIEN, à part.

Voilà qui m'est équilatéral, par exemple.

JOUVINARD.

Vous me ferez sortir de la boîte, à quatre heures.

CYPRIEN.

Oui, Monsieur. (A part.), c'est sa maison qui est une vraie boîte. (Haut.) La femme de chambre de Madame apportera le linge de Monsieur ?

JOUVINARD.

Non, c'est Madame, car la femme de chambre... je l'ai congédiée ce matin.

CYPRIEN.

Ah ! bah ? Monsieur renvoie donc tout le monde ?

JOUVINARD.

Elle a eu la langue trop longue, et je ne souffre pas qu'on bavarde.

CYPRIEN, à part.

Je la connais celle-là ! (Haut.) eh ! eh ! Monsieur ne sait peut-être pas que la femme de chambre a dans les dragons un cousin qui n'est pas commode du tout.

JOUVINARD, colère.

Assez ! Vous m'agacez... J'étouffe !

CYPRIEN, à part.

S'il pouvait étouffer tout à fait...

Il va au robinet sournoisement, le tourne et gagne la porte.

JOUVINARD, à Cyprien, lorsqu'il passe devant lui.

Vous vous en allez dans sept jours.

CYPRIEN, avec aigreur.

Si Monsieur veut que je m'en aille tout de suite...

JOUVINARD.

Non, non, vous ferez vos sept jours.

CYPRIEN.

Sept jours d'enfer, alors.

Il sort.

SCÈNE II

JOUVINARD, seul.

Ah ! mais, c'est intolérable !... Ce gredin de domestique a lâché toute la vapeur... (Criant.) Cyprien !... Cyprien !... Misérable !...

Cyprien entre vivement en s'efforçant de ne pas rire.

SCÈNE III

JOUVINARD, CYPRIEN.

CYPRIEN.

Monsieur m'appelle ?

JOUVINARD, suffoquant.

Ouf ! ouf !... Fermez le robinet, fermez donc le robinet !...

CYPRIEN, fermant le robinet et consultant son thermomètre.

Il n'y a cependant pas plus de quarante-cinq degrés.

JOUVINARD.

Quarante-cinq degrés ! Vous voulez donc que j'éclate ? Essuyez-moi la figure, je ruisselle.

CYPRIEN.

Volontiers. Je ne suis pas dégoûté de Monsieur, moi.

Il lui essuie la figure.

JOUVINARD.

Je suis épuisé... Je vais sortir.

CYPRIEN.

Pas encore, Monsieur ; c'est à peine si vous êtes rouge.

JOUVINARD.

Vraiment ? Apportez-moi une glace.

CYPRIEN.

Vanille ou framboise ?

JOUVINARD

Êtes-vous bête, je vous demande un miroir.

CYPRIEN.

Ah ! ... voilà, Monsieur.

Il lui présente une petite glace qu'il a décrochée du mur.

JOUVINARD.

Juste ciel ! ma figure changée en tomate !... farcie.

CYPRIEN.

C'est bon ça, Monsieur ; c'est le mal qui sort par tous les pores.

JOUVINARD.

Porc vous-même ! Allez me chercher un verre de vin de coca du Pérou, je m'habillerai ensuite. . .

CYPRIEN.

Oui, Monsieur, mais je ferai remarquer à Monsieur que le docteur m'a bien recommandé de lui goudronner la figure.

JOUVINARD.

Maudit traitement ! Faites vite avant que ma femme n'arrive.

CYPRIEN, le badigeonnant au goudron.

Monsieur a peur que Madame le prenne pour un nègre.

JOUVINARD.

N'en mettez pas trop ; c'est le diable après pour le retirer.

CYPRIEN.

Non, Monsieur, avec un peu de savon noir et du grès il n'y paraît plus.

JOUVINARD.

Allons, bon, j'ai envie de me moucher. (Il éternue.) C'est l'ammoniaque.

CYPRIEN.

Que Monsieur ne se dérange pas, je suis à son service pour tout faire.

Il va décrocher les habits du porte-manteau, en sort un mouchoir et garde les habits sur son bras gauche ; de la main droite, il mouche Jouvinard.

JOUVINARD.

Vous me pincez le nez.

CYPRIEN.

Vous croyez, Monsieur ?

JOUVINARD.

Maintenant, mon vin réconfortant. Vite, vite.

CYPRIEN.

Oui, Monsieur.

Il sort précipitamment en emportant les habits.

SCÈNE IV

JOUVINARD, seul.

Au fond, il n'est pas méchant... cet idiot, il est même assez serviable.., mais il est curieux, gourmand, potinier, hâbleur et coureur, c'est pour cela que je lui ai flanqué ses huit jours.

CYPRIEN, rentre avec une bouteille de vin et un verre sur un plateau. — Il est méconnaissable. Il a un gilet vert au lieu d'un gilet rouge : il a une barbe postiche et déguise sa voix. Il présente le plateau sous le nez de Jouvinard.

JOUVINARD.

Remplissez le verre. Comment voulez-vous que je me verse ? Tiens, ce n'est pas mon domestique. C'en est un autre !

CYPRIEN, accent belge.

Sais-tu, une fois, vilain moricaud, que ce n'est pas pour vous et que je te défends d'y toucher une fois, sais-tu ?

JOUVINARD.

En voilà encore un imbécile ! C'est bien pour moi, au contraire.

CYPRIEN.

Godfordom. Tu voudrais m'en imposer et te faire passer pour ton maître, savez-vous.

JOUVINARD.

Quel âne ! Mais c'est le goudron ! Quand je n'en ai pas sur la figure, je suis blanc comme toi, triple cuistre.

CYPRIEN.

Non, non, le bon vin n'est pas pour toi, et je le remporte pour une fois, sais-tu.

Il sort en emportant le plateau, le verre et la bouteille.

JOUVINARD, criant.

Envoie-moi mon domestique, ou je te fais chasser de cet établissement.

CYPRIEN, rentrant.

Bon nègre, je ne connais pas domestique à toi, comment li s'appelle-t-il ?

JOUVINARD.

Cyprien ?

CYPRIEN.

Tiens, il y a une chanson sur ce nom-là ; la sais-tu? Moi, je la chante une fois.

Il fredonne.

Cyprien c' n'est pas bien
Tu m'aim's et tu n' payes rien,

Il sort.

SCÈNE V

JOUVINARD, seul.

Je suis hors de moi ! Ce bain de vapeur m'aura fait plus de mal que de bien. Je vais essayer d'en sortir tout seul. (Il soulève déjà le couvercle de la boîte, mais le laisse retomber en s'écriant.) mes habits ?... Je ne vois plus mes habits au porte-manteau, ce Cyprien les aura emportés ?... mais dans quel but ?... Pour les brosser ?... Ça n'est pas dans ses habitudes !...

A ce moment, une dame en toilette excentrique entre mystérieusement et referme vivement la porte sur elle. Cette dame est Cyprien travesti.

SCÈNE VI

JOUVINARD, CYPRIEN.

JOUVINARD.

Hein ! Que veut cette dame ? Elle se trompe bien sûr.

CYPRIEN, embrassant Jouvinard.

Ah ! non ! C'est plus fort que moi, je ne puis m'empêcher de t'embrasser... comme autrefois.

En embrassant Jouvinard, il lui a retiré le goudron de ses joues qui apparaissent blanches par places comme son nez.

JOUVINARD.

Pardon, Madame, mais ne croyez-vous pas vous tromper de chambre ?

CYPRIEN.

Non, non, mon cher adoré!

JOUVINARD.

Je dois vous dire qui je suis, car ce goudron médical sur le faciès me le change tout à fait.

CYPRIEN.

Non, non, tu es beau comme un zèbre et je t'aime aujourd'hui, comme il y a quinze ans.

JOUVINARD, à part.

Il y a quinze ans... Ce serait donc une ancienne... Fichtre ! Et ma femme qui va venir me chercher. (Haut.) Je m'appelle... Emile Jouvinard. Je suis rentier, il est vrai, et je suis marié, ce qui est quelque peu l'envers de la médaille.

CYPRIEN.

Je sais tout cela, et bien d'autres choses encore...

JOUVINARD.

Votre nom, Madame, votre nom ? car, d'honneur, je ne vous remets pas du tout... Oh ! mais pas du tout...

CYPRIEN.

Arnold, je vais te le dire, dans un baiser !...

Il embrasse Jouvinard et lui dit un nom à l'oreille.

JOUVINARD, à part.

Berlurine ! C'est Berlurine ! Quel dégommage ! (Haut.)

donnez-moi un rendez-vous, j'irai, Madame, je vous le jure, nous nous expliquerons à notre aise et je n'endurerai pas, comme en ce moment le supplice de saint Laurent qu'on retourne sur son gril... Ma femme va arriver d'une minute à l'autre, et...

CYPRIEN.

Et tu as peur de ta femme. En effet, elle te mène bien par les verres de tes lunettes.

JOUVINARD, à part.

Et ce Cyprien qui ne reparaît plus... Il me débarrasserait d'elle ! (A Cyprien.) ayez donc l'extrême obligeance de sonner le domestique, je vous prie.

CYPRIEN, appuyant sur le bouton électrique placé près de la cheminée.

C'est juste, mon Arnold ; dans cette boîte, tu n'as que la tête de libre !... (Avec un soupir forcé.) que n'as-tu le cœur!

JOUVINARD.

C'est convenu, n'est-ce pas, vous vous en allez : vous me laissez me vêtir et je vous retrouve ce soir où vous voudrez.

CYPRIEN.

Où *vous* voudrez ! Oh !

JOUVINARD.

Où tu voudras, là ; es-tu contente ?...

CYPRIEN.

Oh ! voui !! oh ! voui !!! (Il l'embrasse et lui fait encore une tache blanche sur le front). Je t'attendrai à neuf heures, dans le passage Verdeau, en regardant les photographies...

Il baisse les yeux pudiquement.

JOUVINARD.

Décolletées... dis donc le mot.*

Bruit de voix dans la coulisse.

JOUVINARD, dans les transes.

Oui, oui, dans le passage verre-d'eau dada, à dix heures; mais, sauve-toi! sauve-toi!

CYPRIEN.

Je vais t'envoyer ton domestique... si je le rencontre. Comment est-il fait?

JOUVINARD.

Fichtre! non. Il dirait à ma femme que j'ai des maîtresses qui viennent me relancer au bain de vapeur.

CYPRIEN.

A ce soir, chérubin!... chérubin... de vapeur!

Il lui envoie des baisers en sortant à reculons et en se cognant dans la porte défonce son chapeau et perd son chignon.

SCÈNE VII

JOUVINARD, seul.

Pour le coup, c'en est trop de vapeur! Je sors de la boîte, dussé-je voir surgir devant moi la reine de Madagascar. (Il veut sortir de la boîte, mais il lui est impossible d'en soulever le couvercle.) Hein! Qu'est-ce qu'il y a donc? Impossible de me dépêtrer de là-dedans...le bois a joué... On a cloué la planche qui me sert de faux-col... horreur!!! que vois-je, que disting-ge! Que constat-je? Et quel est le gueux qui a fait ce coup qui étrangle le mien? Mon infernal domestique peut-être?... Dame, il ne reparaît plus... si encore il avait fermé la vapeur... l'animal !... Je m'en vais en eau... Que faire ? Mourir de faim et de soif dans cette boîte ? Y attendre l'année dix neuf cent ?... Je vais sonner à tout casser... quelqu'un viendra bien. Que je suis bête... impossible de sonner ! Allons, encore un vigoureux coup d'épaule pour déclouer la planche. (Il fait des efforts désespérés. On frappe à la porte.) Ah ! ma femme ! je suis sauvé !!!

Cyprien entre, travesti en dragon, avec sabre et casque.

SCÈNE VIII

JOUVINARD, CYPRIEN.

CYPRIEN, entrant et s'essuyant le front.

Mille millions de casques, qu'il fait chaud ici. (A Jouvinard.) c'est-il vous le pékin qui répond au nom de Arnold Jouvinard, bourgeois rentier, sans autre profession avouable.

JOUVINARD.

Oui, militaire, oui... Ayez donc l'obligeance de fermer le robinet de vapeur qui est là à votre droite. (A part.) Que peut me vouloir ce cavalier ?

CYPRIEN, allant fermer le robinet indiqué.

Pauvre homme !... Vous devez être rôti comme un mauvais poulet.

JOUVINARD, à part.

Pourquoi, mauvais ?... (Haut.) Je ne vous connais pas, je ne soupçonne même pas le motif qui vous fait venir me trouver jusque dans ce sanctuaire intime et balnéaire, mais vous me semblez être un brave militaire et je vous prie de me déclouer.

CYPRIEN, riant.

Vous avez des clous ?... C'est signe de santé ça ; mais avec quoi que vous voulez que je vous les enlève... je n'ai pas d'onguent Bossu sur moi.

JOUVINARD.

Vous confondez. Je veux dire qu'une main criminelle m'a cloué ou vissé dans cette boîte et que je voudrais bien en sortir mort ou vif.

CYPRIEN.

C'est une farce qu'on vous a faite, bourgeois !..

JOUVINARD.

Si j'en découvrais l'auteur, je lui couperais les oreilles.

CYPRIEN, à part.

Tâche, que je vais te retirer de là, mon bonhomme ? (Haut.) Avez-vous un marteau, des tenailles, un ciseau !

JOUVINARD.

Si j'avais ces outils, je ne solliciterais pas votre assistance. — Ah ! une idée ! Dégaînez, et avec votre sabre, faites une pesée sous le couvercle.

CYPRIEN.

Pour le tordre ou l'ébrécher ! Vous vous moquez de moi, bourgeois. Rollande fait un somme dans son lit d'acier, et quand elle dort, le diable ne la réveillerait pas.

JOUVINARD, larmoyant.

Vous n'avez pas le cœur sensible, militaire.

CYPRIEN.

Ah! il vous assied bien de débiner la sensibilitesse du cœur des autres, à vous, qui venez de flanquer ma payse à la porte, comme un vulgaire paquet de linge sale...

JOUVINARD, à part.

Flambé !... C'est le défenseur de ma bonne ! (Haut.) je l'eusse gardée toute sa vie, si elle eût fait son devoir.

CYPRIEN.

Hein ! Qu'est-ce que tu oses dire, vil suborneur! Tu as renvoyé Marianne sous le pretesque futil et alligator qu'elle avait toujours mal aux dents.

JOUVINARD.

Pourquoi ne se les fait-elle pas arracher ?

CYPRIEN.

Ah ! Tu vois, triple bourreau, tu en conviens ! Tu n'as de griliefs contre cette fille que parce qu'elle a de vraies dents et que les tiennes sont fausses, fausses comme des jetons de loto.

JOUVINARD.

Ah ! si on peut dire !...

CYPRIEN.

Je te dis, moi, vieux grigou, que tu as renvoyé Marianne, parce qu'ayant voulu lui faire quatre doigts de cour, elle t'a flanqué une gifle, tiens comme celle-là. (Il lui donne une gifle,) qui a désarticulé ton râtelier, qui est allé se promener à ses pieds.

JOUVINARD.

Soldat, vous m'en rendrez raison !

CYPRIEN.

Tout de suite, si tu veux, mais écoute ; avant de faire couler ton sang de radis noir, je veux que tu t'engages à reprendre ma payse, sinon je dégaîne et Rollande te tranche la tête, pour te transformer subreptissement en décapité parlant.

Il dégaîne et fait mine avec son sabre de décapiter Jouvinard au ras de la boîte. — Jouvinard, épouvanté, rentre le cou dans la boîte en faisant d'horribles grimaces.

JOUVINARD.

Grâce !... Grâce ! Je la reprendrai.

CYPRIEN.

Tu me le jures ?

JOUVINARD.

Je vous le jure.

CYPRIEN.

Sur quoi ?

JOUVINARD.

Sur l'attaque d'apoplexie que je sens venir !...

CYPRIEN, à part.

Je crois avoir vengé suffisamment notre estimable corporation. (Haut, changeant de ton.) Monsieur aura pris un bon bain de vapeur aujourd'hui ?

JOUVINARD, à part.

Cette voix !... (Haut.) Misérable, tu es Cyprien déguisé !

CYPRIEN.

Et quand cela serait... Tenez, je m'en vais... je vous laisse à perpétuité... dans votre boîte.

Fausse sortie.

JOUVINARD.

Misérable, délivre-moi, ou sinon !...

Il fait d s efforts désespérés pour se dépêtrer et y réussit. La boîte se descelle du parquet, et Jouvinard, la b oîte l'étreignant toujours par le haut du corps, mais lui laissant les jambes libres, se met à courir après Cyprien.

CYPRIEN.

Ah ! la vapeur qui marche !!! Monsieur est une locomotive. (Il im te la vapeur.) Choum... choum... choum !

JOUVINARD, envoyant à Cyprien un vigoureux coup de pied au derrière.

Je t'en flanquerai moi de la vapeur, tout à l'heure, chez le commissaire de police.

CYPRIEN.

Allons, Monsieur, ne vous fâchez pas... (S'apprêtant à le débarrasser de la boîte, il crie comme aux portières des wagons.) Charenton ! dix minutes d'arrêt ; buffet !

Le rideau baisse.

UN VOYAGE AU CAIRE

FANTAISIE TURCO-EGYPTO-BURLESCO

EN 1 ACTE

Représentée pour la première fois, à Paris, au théâtre des FOLIES-BERGÈRE

PERSONNAGES

BASTIEN, domestique, 25 ans.
BERLINGOT, rentier, 40 ans.
Mme BERLINGOT, sa femme, 20 ans.

La scène se passe à Paris, Place du Caire.

ACCESSOIRES

Un divan avec ses coussins, une armoire avec l'inscription Bahut à momies *(cette armoire de capacité à contenir Mme Berlingot), une affiche imprimée ou manuscrite sur laquelle on lit:* Train de plaisir au Caire *le reste peut être illisible une pipe-chibouque, un turban ridicule, sur les murs les inscriptions énoncées dans l'indication du décor.*

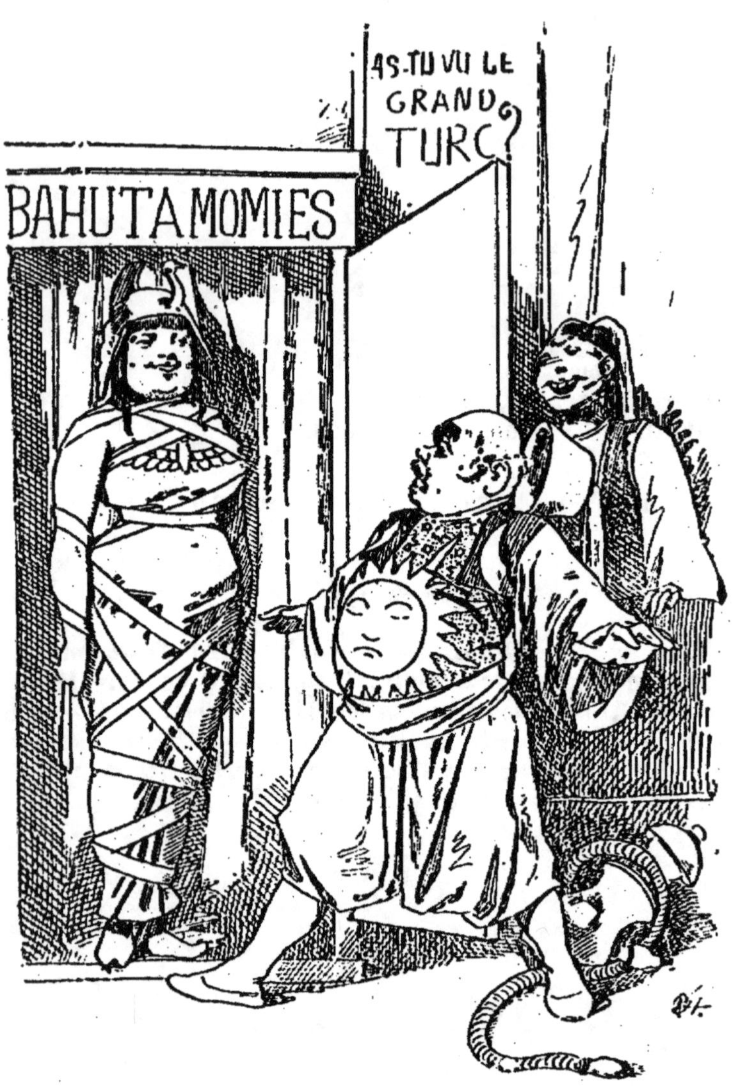

UN VOYAGE AU CAIRE

UN VOYAGE AU CAIRE

Le théâtre représente une grande chambre. Au fond, porte garnie de rideaux et surmontée d'un tableau représentant la face mal barbouillée d'un grand turc quelconque ; porte à gauche au premier plan, du même côté, au dernier plan, une grande croisée garnie de rideaux, au fond, sur la muraille, de chaque côté de la porte un panneau blanc ; sur l'un on lit : As-tu vu le grand turc ? Oûs qu'est mon turban ? — J'm'asseois d'ssus ! — Sur l'autre on lit : A chaillot le grand turc ! — Mahomet t'as du toupet ! — Au dernier plan à droite, adossée contre le mur, une grande armoire avec l'inscription : Bahut à momies ; devant la porte latérale une petite table, et sur cette table, un turban cocasse ; à droite une autre table et un gros coussin pour s'asseoir. — Au lever du rideau, Bastien est debout à côté du divan sur lequel Berlingot, habillé en pacha, et coiffé d'un bonnet de coton, dort avec le tuyau d'une chibouque dans la bouche.

SCÈNE PREMIÈRE

BASTIEN et BERLINGOT, endormi.

BASTIEN, au public.

C'est osé ce que je fais là, mais c'est dans son intérêt, M. Berlingot, ici présent, tout récemment retiré de son commerce de biberons en aluminium, se croit veuf. Mon Dieu, oui, il a cru à l'entrefilet d'un journal timbré, qui comptait madame Berlingot au nombre des naufragés du vaisseau... C'est... c'est... (Embarrassé.) comment diable qu'ils appellent ce vaisseau-là? (Spontanément.) J'y suis!... C'est un : c'est ta mère (steamer) (Continuant.) or, le c'est ta mère Le Radis noir n'a pas sombré du tout et madame Berlingot pas davantage, Berlingot, enchanté d'être veuf cherchait donc tous les moyens de dépenser gaiement sa fortune, quand une grande nouvelle se répandit dans Paris. L'isthme de Suez est enfin percé par le grand Français Ferdinand de Lesseps et grâce à lui (chose qui se voit rarement dans les ménages), deux belles mers sont unies. Et crac! voilà mon maître qui veut aller à Suez... Et crac! voilà mon maître qui endosse à l'avance ce costume de circonstance, me forçant à cacher sous un semblable, la livrée de la servitude! Ne rêvant plus que l'Egypte il voit des Osalisques partout, il veut même posséder celle de la place de la Concorde! Depuis quinze jours, il me fait lui confectionner des plats Egyptiens, tels que: des cervelles de vers à soie à la sauce cantharide; et enfin, paroxysme de la folie! est-ce qu'il ne veut pas m'emmener là-bas? Allons, Bastien, mets tes bottes, et en route pour le Caire, me crie-t-il sans cesse? Et vous croyez que j'irai m'encairer là-bas? Jamais! Parce qu'une tireuse de cartes, qui est infaillible, m'a dit que j'y mourrais mangé par un crocodile... vivant. Comme d'une autre part, ma désobéissance pourrait m'empêcher de rester avec mon Berlingot, j'ai cru drôle de louer cette chambre et de la tapisser par terre et partout d'emblèmes momie-hiéroglyphiques, cette chambre où il dormira longtemps, car j'ai bourré sa pipe, de... Salepétrolopium ou composé de : Sale pétrole et d'opium! Ah! maintenant, une dernière inspection (Ouvrant l'armoire.) Parfait, tout est en place et aménagé pour qu'elle ait de l'air. (On frappe à la porte du fond.) Qui est là?

VOIX DE MADAME BERLINGOT.

Moi!..

BASTIEN.

Madame Berlingot! ouvrons lui vite. (Criant.) Voilà! voilà! Madame, on y va!

Il va ouvrir.

SCÈNE II

LES MÊMES, MADAME BERLINGOT, en toilette de ville.

MADAME BERLINGOT, entrant comme une folle.

Où est-il, ce gros chien vert... que je l'embrasse?

BASTIEN, conduisant Madame Bérlingot au divan.

Là, sur ce divan, où il dort d'un sommeil à couper au yatagan.

MADAME BERLINGOT, embrassant Berlingot.

C'est bien toujours le même, il a toujours son grain de beauté, un haricot de Soissons sous le menton! (A Bastien.) Il m'a bien pleurée, n'est-ce pas?

BASTIEN, tragiquement.

S'il vous a pleurée, Madame! c'est-à-dire qu'à un moment, on allait en bateau-mouche dans sa chambre; mais avec le temps...

MADAME BERLINGOT, anxieuse.

Avec le temps?

BASTIEN, à part.

Débinons le truc... turc, veux-je dire. (Haut.) Avec le temps, l'homme se coriace !!!

MADAME BERLINGOT, la main sur son cœur.

Il a pris un renouvellement ?

BASTIEN.

Ah ! Madame ! pouvez-vous croire... Non ! mais il ne pense qu'aux almées, et cela, depuis que la perspective d'un voyage à Suez le fait transpirer d'aise.

MADAME BERLINGOT, après réflexion.

N'est-ce pas plutôt son commerce qui l'a toqué? N'est-ce pas plutôt cette médaille qu'il a remportée à l'exposition maritime du Havre, pour des clysos qu'il avait exposés sous des fleurs ?...

AIR : *la Polonaise et l'Hirondelle* (*Œil-Crevé*, Hervé)

Il se dit : Ornons de fleurs
Ces biens, précieuses choses,
Au lieu d'un lit de douleurs,
Dotons-les d'un lit de roses ;
Et le passant dira,
Passant devant leur vitrine :
Que ces engins d'marine
Sentent donc le seringat !

REPRISE ENSEMBLE

A Bastien qui, tout le temps de l'air, a feint de tourner la manivelle d'un orgue.

Enfin, comment le guérir ?

BASTIEN, mystérieusement.

Par un traitement à Bibi... (Dans l'oreille de Madame Berlingot.) Par la momiedrothérapie.

Mme BERLINGOT.

Qu'est-ce que c'est que ça ?

BASTIEN.

Nous allons le momiedrothérapiser, ce pauvre isthmatique.

Mme BERLINGOT, effrayée.

Ah ! je vous en prie, ne lui faites pas de mal.

BERLINGOT, qui rêve et gesticule sur le divan.

Oh ! sapristi ! mon chameau qui prend le mors aux dents !

BASTIEN.

Il se réveille !

Mme BERLINGOT.

Sauvons-nous !

Elle remonte jusqu'à la porte.

BASTIEN, la conduisant à l'armoire.

Non pas, entrez vite dans cette armoire où... (Il lui parle bas avec force grimaces). Chut !

ENSEMBLE

AIR : *Lischen et Frischen.*

Allez à votre aise
Mettre un déguis'ment
Qui de son malaise
Le tir' promptement
Guérissons ensemble
Ce cerveau brûlé,
Qui tourn' ce m'semble,
Au coco fêlé !

Elle entre dans l'armoire. Bastien sort par le fond, en envoyant un pied de nez à Berlingot.

SCÈNE III

BERLINGOT, *seul. Il dégringole à terre, et se relève en se frottant les mains.*

Ah! quel cauchemar!...

Figurez-vous..... (*Regardant la chambre d'un air ébahi.*) Par Allah! par Mahomet! et son toupet! se peut-il! j'ai fait le voyage de Paris au Caire en dormant... Ah! ça est-ce que j'aurais acheté mon tabac turc chez un pharmacien!.. Voyager sans la moindre secousse, sans le moindre mal de mer qui vous empêche votre chemin de faire... Ah! ma parole, c'est charmant! et, à ce sujet, je vais questionner mon fidèle serviteur. (*Fausse sortie.*) Non, plus tard. Je suis bien plus pressé de prendre connaissance de tous les ravissements qui vont m'être octroyés pour 800 fr. par jour, prix de ces trains de plaisir.

Il chante.

AIR : *Voyage de Dunanan.* (*Hervé*)

C'est vraiment fabuleux,
Fantastiqu', merveilleux.
Et la France.
Prochain'-ment, dans les cieux,
Aura des trains nombreux.
En partance.
Ils sont très
Ingèné, ingéne, gèn'
Ieux tous ces Français;
Ils sont les
Plus veine, veine, vein'
Veinards dans le succès.

Coup de tam-tam.

BERLINGOT, *reculant, effrayé.*

Qu'est-ce que cela?

SCÈNE IV

BERLINGOT, BASTIEN.

BASTIEN, *entrant.*

Faites pas attention, c'est ma manière d'éternuer. Comment va monsieur ?

BERLINGOT, *grincheux.*

Ça va bien... mais une autre fois, tâche de ne pas me laisser voyager en létargie... Je ne me suis réveillé que tout à l'heure.

BASTIEN.

Oui, mais comme monsieur a du jujub...

BERLINGOT.

Comment, du jujube ?

BASTIEN.

Certainement, monsieur a du ju... jubiler... en se retrouvant dans ce salon tout ce qu il y a de plus oriental ... car enfin rien n'y manque... Les lois du Coran sont écrites sur les murs... lisez plutôt.

Berlingot lit haut les inscriptions d'un panneau, pendant que Bastien lit les inscriptions de l'autre.

BERLINGOT, *très sérieusement à Bastien.*

Allons donc ! mais c'est du bon, du pur français, tout cela.

BASTIEN, *embarrassé.*

Je vais vous dire : c'est de l'arabe ; seulement, on l'a métamorphosé en français pour la facilité du lecteur.

BERLINGOT, ne se lassant d'admirer les panneaux.

C'est égal, ça ferait bien comme papier comique à douze sous le rouleau !

Coup de tam-tam.

BERLINGOT.

Encore une fois... que signifie ce bruit de casserole !

BASTIEN, allant à la croisée, et revenant près de Berlingot.

Cette fois, il vous annonce qu'un bataillon d'odalisques se rend à la mosquée pour prier le prophète... (A part.) Je le tiens! (Haut à Berlingot.) Je vous vois venir, patron. Vous brûlez d'en prier une de monter...

BERLINGOT.

Eh bien, oui ! mais comment la décideras-tu jamais...

BASTIEN.

Laissez-moi faire, et contentez-vous d'être un grand vizir, très visible. (Fausse sortie.) Ah ! au fait, vous savez que je me suis mis en quête de momies...

BERLINGOT, ravi.

Ah ! tu en as acheté une ?...

BASTIEN, montrant l'armoire.

Bien mieux ? j'en ai pris deux à condition, et je les ai mises dans cette armoire.

BERLINGOT, voulant ouvrir l'armoire.

Quel bonheur !!! fais-les-moi voir.

BASTIEN.

Non, non, plus tard. Elles sont très chics ! salées

depuis longtemps. Y en a même une qui est fumée et qui prétend être la nourrice de Théodoros.

BERLINGOT.

Théodoros, le marchand de tabac de la rue Montmartre?

BASTIEN.

Oui, celui qui ne donne pas le poids... Je vais toujours chercher votre almée. (Il crie.) Une almée au un! Boum!

Il sort en faisant mille salamalecs.

SCÈNE V

BERLINGOT,

C'est le moment de changer de fez!... Je vais mettre mon turban des dimanches. (Il met son turban par dessus son bonnet de coton.) Ainsi je vais en voir, en commander une! En général, on aime commander une almée!

Il chante.

AIR : *Je vais m'en fourrer jusque là.*

(*Vie parisienne, 2e acte.*)

I.

Dans cette suave contrée
Pleine de plaisir et d'amour,
Dans cette Eygpte vénérée,
Je ne ferai qu'un court séjour.
Mais c'est assez de six semaines
Pour juger de tout son éclat.

Bref, comme j'ai brisé mes chaînes,
Je veux m'en fourrer jusque-là,
Je vais m'en fourrer, fourrer jusque-là! (*bis*)
Comme j'ai des rentes, oui da,
Je veux m'en fourrer, fourrer jusque-là!

II.

D'une autruch', je vais faire emplette;
Comme ça j'aurai le mat'n
Des œufs aussi gros que la tête
De ma bell' mère, chauv'comm'la main.
Je vais ach'ter un obélisque
Que je plac'rai dans mon salon;
Et, pour que mon vieux portier bisque,
Je l'forc'rai d'en tirer l'cordon.
Je vais m'en fourrer, fourrer jusque-là!
Etc., etc.

(S'asseyant par terre à la turque.) Revenons à mon programme (Il déplie une sorte de journal qu'il a sorti de son turban, et il lit) « Primsio. Pendant la durée du voyage on aura « droit à un repas par jour, composé de : la soupe et le « bœuf... Un supplément de trois cents francs donnera « droit au bœuf et à la soupe... » (A part.) Ma parole, c'est pour rien; comment ne pas se ruiner? (Lisant.) « Deusio... Comme soins médicaux, on recommande aux voyageurs les bouillons... du Val... de Grâce... (A part.) Parfait! mais ceux qui n'auront de ces bouillons... point eu? (Lisant.) « Troisio... Visite au désert, habité pour cette « fois seulement. La vue des palmiers et le rugissement « des lions se paient à part. » (A part.) Je le crois bien; sans cela ils se ruineraient. (Lisant.) « Quatsio... On pourra « grimper sur les pyramides, mais défense est faite d'y « graver des calinotades de ce genre : L'Egypte est « pauvre parce qu'elle est dans une position près Caire! » (Se levant radieux.) Je n'ai pas besoin d'en lire davantage... Je brûle de voir des mosquées et des almées de terre et de mer... Rien que d'y penser, l'allégresse me sort par les cheveux !... Et de ces souvenirs, vais-je en rapporter ! Ainsi il me faut à tout prix : un chameau, une momie, une bayadère authentique.

On frappe à la porte du fond.

BERLINGOT, écoutant.

Qui est là ?

BASTIEN, dans la coulisse.

Monsieur !

BERLINGOT.

Quoi ?

BASTIEN.

La v'là !

BERLINGOT.

Qui ça, la v'là ?

BASTIEN.

L'obélisque !

BERLINGOT, hors de lui.

L'obélisque !!! La v'là... comme si on lavait un obélisque ! (Élevant les mains au ciel.) Oh ! Allah ! fais que je sois à la hauteur de la situation... (Il crie.) Entrez !...

SCÈNE VI

BERLINGOT, BASTIEN, en odalisque.

BERLINGOT, au moment où la porte s'ouvre sur un coup de tam-tam.

Ah ! reparaissez, beaux jours de jeunesse de mon enfance !

BASTIEN, allant s'étendre sur le divan, à côté de Berlingot.

Vous avez à me parler... Aboul, aboul-ton-sac ?
Il fait un faux pas et va s'asseoir par terre.

BERLINGOT, l'aidant à se relever.

Mais z'oui, charmante houri. (A part.) Drôle de manière de s'asseoir !

BASTIEN, tressautant comme un singe.

Tu vas m'épouser savez-vous !

BERLINGOT, à part.

Bigre, comme elle y va! (Haut.) Eh ! par Allah!... je ne dis pas non... mais enfin vous avouerez qu'on ne se marie pas comme on avale un soda.

BASTIEN.

Avant tout, êtes-vous libre ?

BERLINGOT.

Ma femme a eu l'heureuse idée de me laisser veuf à quarante ans. (S'enflammant.) A l'âge où l'homme est dans toute sa chève... sève, veux-je dire.

BASTIEN, l'interrompant.

Avez-vous le sac?

BERLINGOT, abasourdi.

Répétez pour voir ?

BASTIEN.

Je dis: avez-vous le sac? êtes-vous cossu? avez-vous de la braise ?

Sur ce dernier mot, il tousse bruyamment.

BERLINGOT.

Voilà. Je suis assez riche pour ne laisser manquer de rien une femme qui a 30,000 francs de rente.

BASTIEN.

Vous connaissez les coutumes égyptiennes en matière de matrimoigneaux.

BERLINGOT, vivement.

Si je connais les matrimoigneaux... ils sont de... ils demeurent au... (Froidement.) Non, pas du tout!

BASTIEN, indiquant son voile.

Ce voile doit...

BERLINGOT.

Comment! voile d'oie? Voile de femme elle veut dire.

BASTIEN, achevant.

Oui... doit cacher mon faciès, jusqu'à ce que j'aie franchi la chambre nuptiale.

BERLINGOT.

De sorte que si vous êtes laide comme feu Roquelaure?

BASTIEN.

En ce cas, tu pourras remédier à ma laideur.

BERLINGOT.

Comment ça?

BASTIEN.

Nos lois t'autorisent à prendre autant de femmes que tes moyens te le permettent, et dans le tas il y en aura toujours bien une qui te plaira, scélérat! hi! hi! hi!

Il fait des agaceries à Berlingot, très-embarrassé.

BERLINGOT.

Quels drôles de costumes!... de coutumes, veux-je dire... (A part.) Qu'elle est pure, mon Dieu ! qu'elle est pure et aux pommes (Haut.) Et vous, quelle dot m'apporteriez-vous... si... je....

BASTIEN, faisant une aile de pigeon.

Mon talent de bayadère... et de romancière... do-ré-mi-fa-sol-la-si-do.

BERLINGOT.

Autrement dit : vous avez du son et du ballet sur la planche !

BASTIEN.

Veux-tu que je te montre comment je chante et je danse, tout à la fois ?

BERLINGOT, reculant stupéfait.

Juste ciel ! elle me tutèye ! (Haut.) Je ne demande pas mieux.

BASTIEN.

Je te permets de m'imiter Petitpa.

BERLINGOT.

Pardon... Léon... on m'appelle... petit Léon...

BASTIEN.

Attention... petit Léon Petitpa !

BERLINGOT.

Mais non, je vous répète...

BASTIEN.

Ne fais donc pas ta poire !...

Il tousse bruyamment sur le dernier mot.

BERLINGOT, d'un ton commun.

Ah ! elle est d'une saveur !...

BASTIEN.

Attention ! mon vieux sultan !...

BERLINGOT.

Me v'là sultan, à présent.

BASTIEN.

J'entame mon pas laxif, nébuleux et carthaginois.

BERLINGOT.

Un pas carthachinois ! voilà qui n'est... pas turc !

BASTIEN, annonçant.

Les répasseurs de couteaux et les repasseuses... Ballet !

AIR : *La la i tou il était un canot (Canotiers de la Seine.)*

ENSEMBLE.

La i tou, pipe en buis, pipe en corne,
La i tou, peigne en os, démêl' ça,
La i tou, brosse à dents, malicorne !
Quel crétin a fait c'te chanson-là ?

BASTIEN.

Un gros r'passeur en plein vent
Adorait un' blanchisseuse
La blanchisseuse blagueuse
Lui répondait : Ah ! du flan ! *(bis.)*

(Au refrain, en dansant un pas à la chinoise.)

BASTIEN.

Le gros r'passeur en plein vent
La voyant, fut pris de rage;
D'un couteau d'son étalage
Il vous lui perça le flanc! (*bis.*)

(Au refrain, en dansant un pas espagnol.)

BASTIEN.

La moral de ce grand coup,
C'est que les r'passeurs et r'passeuses,
Pour avoir la vie heureuse
Doivent rien s'percer du tout! (*bis*)

Refrain et Bourrée de Saint-Flour en se tenant mutuellement par le bout du nez, en criant.

BERLINGOT, essoufflé, à part.

Ah! maintenant, je suis aussi Turc qu'un fort!!! (Haut.) Almée de mon âme, arrêtez, ou je renonce à votre main!...

BASTIEN, s'arrêtant court et montrant la paume de sa main.

Tu oserais renoncer à ma paume, après m'avoir perdue de réputation?

BERLINGOT, interloqué.

Pardon!... Je vous ferai remarquer...

BASTIEN.

Après m'avoir attiré lâchement dans une guêtre-à-pan?

BERLINGOT.

Guêtre à quoi?

BASTIEN.

Pan!

Il soufflette Berlingot.

BERLINGOT, se frottant la joue.

Bon ! me voilà vice-roi des gifles.

BASTIEN.

Ça t'apprendra à ne pas savoir te contenter des petites dames de ton pays.

BERLINGOT.

Pardon, je vous ferai remarquer...

BASTIEN, avec autorité.

Assez ; il est ménuit, je rentre au harem, sors!...

BERLINGOT.

Comment, au harem saur. Serait-ce une marchande de poisson ?

BASTIEN, revenant menaçant.

Puissent les momies ne pas trop troubler ton sommeil ! Bonsoir, grand vizir de carton !

Il sort en faisant la roue.

SCÈNE VII

BERLINGOT, seul, répétant machinalement.

Bonsoir, grand vizir de carton, puissent les momies ne pas trop troubler ton sommeil ! (Fumant sa chibouque et indiquant l'armoire à momies.) Comme si des gens qui sont salés depuis six mille ans allaient... Elle est folle, cette almée ; elle me donne une piètre idée de l'Egypte en général, et de son innocence en particulier... J'ai bien envie de regagner Paris sans avoir vu l'isthme de Suez.

(Se jetant sur le divan en bâillant.) Demain, au petit jour, j'aurai pris une farouche décision.

Il chante d'une façon très indolente.

AIR : *Des Djins. — Premier jour de bonheur*, (*Auber*).

Ah! voici la nuit, c'est l'heure du plaisir,
Ah! c'est trop fort, malgré moi j'veux dormir,
Dois-je me coucher? Non!
Dois-je fumer? Oui!
Dois-je sortir? Non!
Je reste alors? Oui!

Se débattant sur le divan.

Non, non, je n'dors pas;
Bonsoir, j'ôt' mes bas!...

SCÈNE VIII

BERLINGOT, BASTIEN, toujours travesti, puis MADAME BERLINGOT.

Aussitôt que Berlingot est endormi, Bastien rentre sur la pointe des pieds en faisant des poses plus ou moins grâcieuses.

BASTIEN, se plaçant derrière le divan.

Je vais t'en flanquer de l'isthme de Suez! par la figure.

Il donne une forte tape au bas des reins de Berlingot, et se cache aussitôt derrière la petite table.

BERLINGOT, se redressant stupéfait.

Entrez! (S'écarquillant les yeux.) Comment, personne!... C'est égal, je ne suis pas fâché d'être réveillé; car, s'il faut vous l'avouer, la prédiction de cette odalisque extracascadeuse commençait à se réaliser... Ne voyais-je pas déjà en songe mes momies sortir de leur armoire et... (La porte de l'armoire s'ouvre, glacé d'effroi.) Grand Dieu! la porte de l'armoire a bou... bou... (Mme Berlingot, costumée en almée, avec une coiffure de sphinx, et des rubans enroulés autour du corps, sort de l'armoire en marchant à pieds joints comme une marionnette.) Ciel ! la momie... la momie qui s'avance... mie qui s'avance...

L'orchestre joue en sourdine la marche turque de Mozart.

Mme BERLINGOT, se rapprochant du divan.

Je te retrouve enfin.

BERLINGOT, se blottit au bout du divan et se fait un rempart des coussins.

Une mo... mo... une momie qui parle! Ah ! je n'ai plus une goutte de veine dans le sang!

Mme BERLINGOT, se défaisant de ses rubans, dont elle retenait les deux bouts dans ses mains.

Tu me croyais... ad patres ?

BERLINGOT.

Naturellement... une momie !

Mme BERLINGOT.

AIR : *Duo de la dispute*, (2e *acte de Chilpéric*, Hervé).

Ah! monsieur Berlingot,
Que vous êtes nigaud,
Quoique n'étant pas du Congo.
Imbécile !
Indocile !
Que dis-je gros cormoran
J'arrive pourtant,
A temps vous dire
Que du haut, du haut du paradis,
Un'demeure
Où mon beurre
Longtemps je fis.

Je vous fis faire le pitre,
M'oublier
Pour bien régaler d'huître
Et tutoyer
Des cocotes parisiennes,
Le nies-tu
Niez donc qu'aux Egyptiennes
Sans vertu,
Vous avez, sans vergogne,
Pris de bourgogne,
Fait votre cour,
Votre basse-cour;
Car vous êtes
Des plus bêtes
Gros vieux dindon,
Et sec, vieux barbon,
Comme un vieux m'lon (*bis*).
Ah! ah! ah!

REPRISE, en dansant avec Berlingot, emporté lui-même par la musique.

Ah! monsieur Berlingot,
Etc.

Mme BERLINGOT, défaisant son voile.

Et maintenant me reconnais-tu?

BERLINGOT, pétrifié.

Ma femme! ma femme! ressusci... ci... ressusci... tée... Ah! je suis un mau... un maud... un maudit.

Il se cache la tête dans les coussins du divan.

Mme BERLINGOT.

Nie donc que, tout à l'heure, tu te tortillais aux mules d'une almée qui s'est fichard de ton foulue... non, de ton foulard.

BERLINGOT, levant la main.

Je le nie!

BASTIEN, sautant sur le divan et du divan sur le dos de Berlingot.

Eh bien ! vous avez du toupet toi !

BERLINGOT, pousse un cri déchirant.

Elle, à présent !... Ah ! je suis fou !!!

Il feint de s'arracher les cheveux.

Mme BERLINGOT.

Donc, tu es un profond scélérat ; mais je consens à oublier...

BERLINGOT, radieux.

Bien vrai ?

Mme BERLINGOT.

Bien vrai, mais à une condition cependant...

BERLINGOT, se grattant l'oreille.

Ah ! tu y mets une...

BASTIEN.

Naturellement, puisque c'est une momie à condition.

Mme BERLINGOT, à Berlingot, en lui montrant Bastien, qui gambade au fond du théâtre.

Vous comprenez !

Elle tape d'une main sur le dos de l'autre.

BERLINGOT, mielleux.

Ah ! mais, très bien ! (A Bastien, lui montrant la porte.) Quant à vous Bayadère sans vergogne, sortez !

BASTIEN, feignant de pleurer.

Ah ! ah ! ah ! ah ! monsieur me renvoie, est-ce que je ne brosse pas bien monsieur ?

BERLINGOT.

Qu'est-ce qu'elle rabâche avec sa brosse?

Mme BERLINGOT, à Bastien, en riant.

Allons, dévoilez-vous, ma chère, et prouvez à monsieur qu'il n'est pas malaisé de tromper un trompeur.

BASTIEN, se faisant reconnaître.

Ça va bien, monsieur.

Il tend sa main à Berlingot.

BERLINGOT, stupéfait.

Bastien! ah! je suis complètement refait... Aussi je vais refaire mes malles et partir.

Il remonte au fond et se dispose à ouvrir la porte quand Mme Berlingot le retient.

Mme BERLINGOT, le conduisant.

Mais non, c'est la fenêtre qu'il faut ouvrir.

BERLINGOT, ouvrant la croisée.

La voilà ouverte!

Mme BERLINGOT.

Que voyez-vous là-bas?

BERLINGOT, stupéfait.

Des cardeurs de matelas.

BASTIEN.

Je crois bien, nous sommes sur la place du Caire.

BERLINGOT.

Du Caire en Egypte?

BASTIEN.

Non du Caire à Paris, puisque monsieur n'a pas quitté son bocal, local, veux-je dire, un seul instant.

BERLINGOT.

Alors j'ai été hypnotisé comme par monsieur Donato?

BASTIEN, lui donnant sa chibouque, et tristement.

Oh! maintenant, monsieur peut casser sa pipe !!!

BERLINGOT, qui a mal compris.

Comment, comment, casser ma pipe.

BASTIEN.

Vu que c'est elle qui a lui fait faire ce petit voyage... à dos de chameau... sans chameau.

BERLINGOT, s'affaissant.

Ah! les jambes m'en tombent !

Mme BERLINGOT, à Berlingot.

Veux-tu encore confectionner des momies ?

BERLINGOT.

Oh? non, c'est déjà trop de maux mis dans mon existence.

BASTIEN.

Hein... Monsieur étiez-vous assez parti pour le Caire.

BERLINGOT, tirant Bastien par l'oreille.

Surtout quand tu m'as chanté ce fameux refrain... égypto-burlesco-rigolo.

BASTIEN.

Ah ! oui !

Reprise de la ronde ensemble.

La i tou, pipe en buis, pipe en corne
Etc., etc.

Mme BERLINGOT, au public.

En vu' d'autres percements,
Car on perce encore un isthme
L'auteur de cet idiotisme
Espèr' que vous s'rez cléments

Reprise ensemble, en dansant.

La i tou, pipe en buis, pipe en corne,
Etc., etc.
(Ils dansent en se tenant tous trois par la main.)

Rideau.

LE LITTRÉ DE MA PORTIÈRE

DICTIONNAIRE DIGNE... DES LOGES

Révélé au monde savant par M. *Berthelier* et Mme *Macé-Montrouge.*

ACCESSOIRES :

Un balai, un plumeau, un gros livre portant le titre bien lisible : Nouveau dictionnaire.

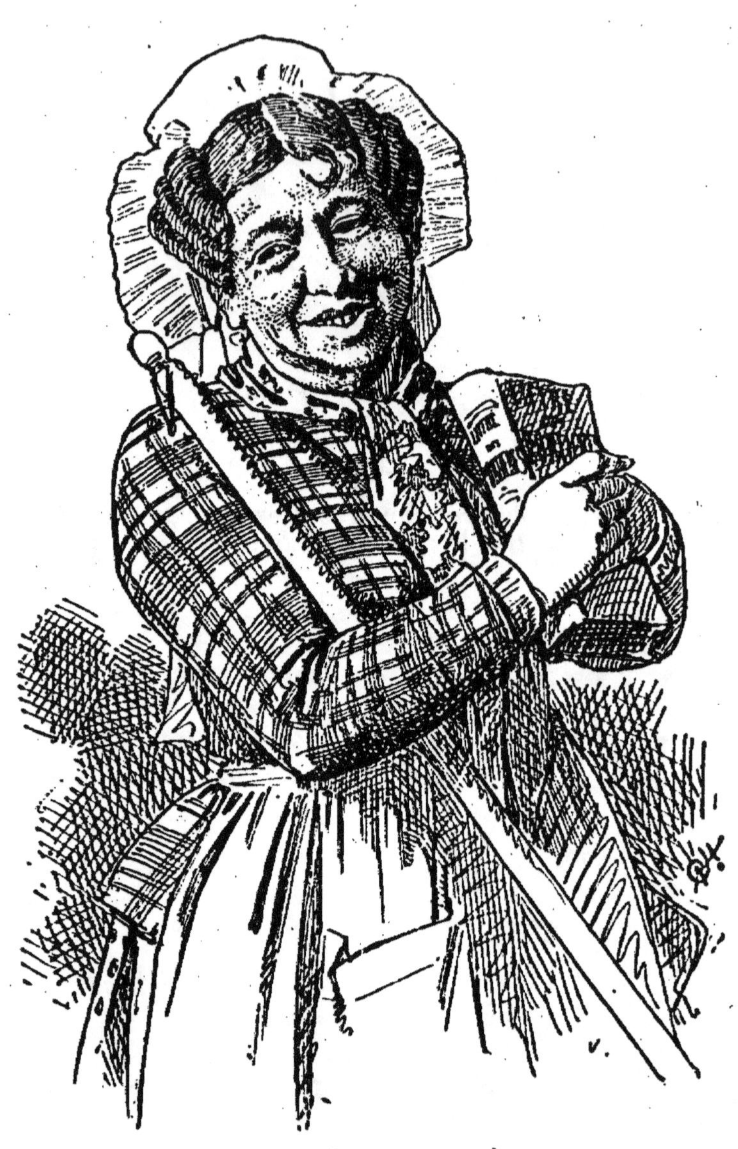

LE LITTRÉ DE MA PORTIÈRE

LE LITTRÉ DE MA PORTIÈRE

Elle entre ou il entre habillé en portière ridicule tenant son balai sous un bras et un gros dictionnaire sous l'autre.

Ah! Mesdames et Messieurs, je suis une portière bien extraordinaire !

Il ou elle chante.

AIR : d'*Anastasie.*

Chansonnette populaire, musique d'Okolowich.

Si je n'ai pas fait mes études
J'ai lu tout entier mon Littré
A faire un métier des plus rudes
On n'a pas un fonds très lettré.
Même la nuit dans le silence
Lorsque je tire le cordon
Pour châtier mon ignorance
Dans Littré je prends ma leçon.
Hors de ma loge, la paresse!
Moi je progresse (*bis*)
Encore un an sans qu'ça paraisse
J'aurai l'instruction !

Je fais le ménage d'un journaliste, auteur qui n'est jamais content de l'existence de la vie.

J'ai beau y dire prenez la vie à la *bonne blanquette*,

c'est un homme qui se met l'esprit à *la tortue ;* pourtant c'est un malin, il est batelier *lèche sciences et lèche lettres,* enfin c'est un grand *littre et rateur.* Il ne croit pas à la *mêlé tempsychose,* mais il est partisan de l'*âne mistic,* à moins qu'on ne se soit fait condamner à une peine *infective et enflammante,* pour avoir fait partie de *l'école des arts émeutiers.* Pourtant il ne tire jama is sa poudre aux *guanos !* Par exemple, il n'est pas à prendre avec des mouchettes à gaz quand il est malade. L'autre matin, il me disait qu'il avait des coliques *frénétiques,* et il demandait du vin de Bourgogne parce que, disait-il, fallait mettre du *Beaune* sur sa plaie; moi, tout de suite je lui ai offert un mêlé-cass en guise *d'affiche de consolation ;* buvez que je lui disais, c'est pas ça qui vous mettra aux portes du *tombereau.* Cet homme là, il lui faudrait pour le rendre rigolo, une jolie fée qui le *métamorve phoserait* sous sa *baguette* magique. Après tout, déguignonner un homme, c'est pas encore si difficile que de deviner le divin *Ulster de l'incarnation.* Y en a comme le guillotiné Pranzini, à qui l'on a tranché la *cariatide,* qui voudraient bien avoir encore leur cou sur leurs épaules.

Dans ma jeunesse j'ai traversé des *périphrases* difficiles. Se contenter de peu, vivre en *fil aux œufs,* voilà le mérite. Vous avez des cochers qui sont aussi heureux de coucher dans l'écurie sur la *laitière,* que dans le lit d'un prince du sang... ou du mille. Tout le monde ne pose pas comme ces gommeux qui se baladent avec un *monologue* dans l'œil, ou qui sont fiers comme s'ils avaient percé *l'hymne de Suez,* comme M. *de Lesseps...* à la bordelaise, ou s'ils avaient fait un voyage avec Dumaine au *Chapon.*

Ma parole, tous ces *alimaux-là,* c'est des bipèdes à envoyer au jardin *Zoélogique* du bois de Boulogne. ou à Bruxelles où qu'on voit la célèbre statue du *maneken d'épice.* Au fait, parions que vous y êtes pas allés à Bruxelles ?

Si ! Eh bien alors, vous y avez vu la cathédrale de *Sainte-Cucule* et surtout dans la *nèfle* le tableau de l'*Emmacculée-Confection* peint par un peintre *renversois*, qui est Rupins, je crois.

Mon *journalisse* est épatant, il chante toujours misère en *puce* comme si qu'il n'avait pas des *doigts d'auteur* pour vivre et se payer à dîner au restaurant, *Vrai four*, au Palais-Royal avec un *Geoffroi* de perdreaux arrosé de vin de *c'est humiliant* qui fait dormir comme un *noir*.

Moi, j'aime mieux roupiller sur un beau roman de *carpe et d'épée* ou sur un conte *d'Emile... et une nuits*; sur Aladin ou *la langue merveilleuse*, par exemple. La concierge du... (*cherchant*)... allons, bon je ne sais plus si elle est aux *minéraux* pairs ou aux *minéraux* impairs.

Ah! j'y suis, c'est la concierge du 69. Eh bien, elle a un autre goût celle-là; elle *s'enlivre* avec des liqueurs *à coliques*, qui lui brûlent le palais et *l'alouette;* quand elle a la poitrine en feu elle se guérit avec une infusion *de clou de girafe*.

Qu'elle s'y fie pas, elle pourrait bien attraper une *meringuite* aiguë ou une maladie de peau; un *examen* par exemple qui s'annonce par des *pets de licule;* enfin elle a mal au cuir chevelu et puis encore autre chose. La bête de *somme nambule* du quatrième qui l'a endormite en la *fisquant* avec ses yeux *d'arbuste* a vu tout de suite qu'elle avait des *légions* internes. Pour soigner ça il faut avaler de la *salleté pareile* en y mêlant dix gouttes de *l'eau d'un homme*.

Seulement il paraît que ça vous fait souffrir, à dégringoler du matelas sur *l'indécente* de lit, au risque de se casser un *petit bia*.

Cette femme-là, elle aime l'hiver, moi je le déteste; je voudrais être dans les pays chauds pour manger de la soupe aux *petits ronds* et de la *mort d'Adèle*, en guise de saucisson. En tous cas, si je meurs, ce ne sera pas *hydrophoque* ou dans un voyage d'outre-mer, car j'aurais peur de passer, comme disent les marins, sous les *coiffeurs en feux*. La plus petite vague me donne des *duos* de cœur. Je crois que j'en aurais même sur *la mer Picon !* Je crains aussi la foudre, quoiqu'il y ait un *parrain-tonnerre* sur notre maison.

Vous l'ai-je dit, vous l'ai-je t'y pas dit ? Ma fille est une musicienne *consummée*, elle fait des *asperges* toute la journée sur son piano, ou alors dans les concerts *Pet de loup* où elle exécute la fameuse nuit de *va te purger* de Faust, avec les chœurs de *Laurent le grillé* et de M. *Embrasse Thomas* ou bien encore *la cravatine* du Barbier ou une *sonnette* de Mozart. Elle n'a pas le *secticisme* de Sarah Bernhardt ma fille, et quand elle joue aux cartes ce n'est pas avec des appas comme en a cette tragédienne à qui on proposerait bien une partie en *Soins secs ;* et cependant elle a de la voix car elle a chanté, à elle seule, le grand duo de *Guimauve Tell* au profit des *inondés de merci*. Elle a reçu en remerciements un *orthographe* de l'ambassadeur d'Espagne. Moi j'aurais préféré pour elle une lettre *épatente* du Roi de *la Graisse ;* mais elle n'est pas roublarde ma fille, elle n'a pas de *lugubricité* pour deux sous, pour la lancer, il faudrait lui pousser *les pieds dans les reins*. Moi, c'est le contraire j'ai un toupet à ébranler les fondations du palais du *Troquet d'éro*. Et puis après tout au petit bonheur ; tant pis pour ceux qui ne mettent pas à profit la sagesse des proverbes.

Au bout du fossé le curé se bute.
Faute de grives on mange des... perles.

C'est comme de la République je n'en suis pas *ennemite* mais je trouve qu'elle ne donne pas assez de fêtes pas assez de *jouissances publiques*. Les parisiens adorent les *Crampions*, *les inhumations* aux fenêtres, et les verres en couleur dans les arbres, *les gouttes* et *les frégates* sur la Seine ; *les* pieux *d'artifices* terminées par *des baquets* de chandelles romaines. Vous me répondez à cela qu'il n'y a pas assez d'argent; or pas d'argent pas de *cuisse*. Ah; bon Dieu, Jésus Seigneur, depuis une heure que je bavarde comme une *pie-borne*, j'oublie que j'ai un parent du *propilliétaire* à soigner.

Le pauvre garçon! Il a *un long blaguo*, une *chiatique* d'une fièvre *célébrale*. Le docteur qui est de *la féculté* m'a ordonné de le faire suer par tous les *pores* en lui faisant prendre toutes les heures, *des grosses bulles d'ordure de potassium*, avec un verre d'eau *de vache* ou de *Saint-Grainier*. Il a *des vestiges* et des *crochemars* qui m'épouvantent. C'est que je ne voudrais pas qu'il claque avant d'avoir *tété* en ma faveur; car il m'a promis d'ajouter pour moi un *cocodicille* sur son testament; d'autant plus que je crois qu'il me fera sa *locataire* universelle; allons, allons, il ne faut tomber de *catharrybde* en *Celle-là*.

Vous l'ai-je dit, vous l'ai-je t'y pas dit? Mon grand bonheur c'est de voyager, quoique les voyages *déforment* la jeunesse; ça c'est reconnu, même par les préfets et autres *factionnaires* publics. Donc je prends le train *aux omnibus*, il ne va pas si vite que celui qui a des wagons-lits autrement dits des *insipides-cars*, mais il fait tout de même *vingt quilles au mètre* à l'heure. Je m'arrête aux buffets où je prends une bouteille de champagne de *Mouette et Chandon*, et un poulet à l'*escadron*, j'avale ça dans le train aussi commodément que si j'étais chez moi dans ma salle à manger en bois de *chèvre sculptée*. Par exemple je ne descends jamais de wagon avant *l'arrête complète* du train, pas si bête! pour être *brouillée* vive ou avoir deux jambes *facturées*. On aurait beau me faire une belle *horizon funèbre* et m'administrer *l'extrême jonction* ça ne m'irait pas de mourir de l'amputations de mes *tubias*. Mieux vaut encore s'en aller dans son lit, d'une *bronchique*, ou d'une fièvre *moqueuse*, ou même d'une indigestion *d'escabeaux* de Bourgogne.

Je suis un peu inquiète parce que voilà l'été qui revient et avec les chaleurs *torrentielles* et *trop pigalles*, je redoute les *épis démis*. Aussi j'ai toujours de l'acide *Phénix* pour me préserver des *émanaisons* des locataires *coléreux*. Je sais bien que si j'attrapais le choléra ce serait un hasard *forcuit*, mais faut tout de même se méfier, car comme on dit à la préfecture de police ; *l'impudence est la mère de la sûreté*.

Voix de femme dans la coulisse.

— « Venez donc Madame Pochet, on veut voir le grand appartement du septième avec tabatières sur la rue. »

J'y vas mais j'aurai bien de la peine à le louer au président de la République de *Couennanini*. (Criant.) J'y vate ! qu'on m'attende ! *(Elle referme son dictionnaire, et reprend sur l'air précédent)*.

Si je n'ai pas fait mes études
J'ai lu tout entier mon Littré
A faire un métier des plus rudes
On n'a pas un fonds très lettré,
Même la nuit, dans le silence.
Lorsque je tire le cordon,
Pour châtier mon ignorance
Dans Littré je prends ma leçon.
Hors de ma loge la paresse,
Moi je progresse (*bis*)
Encore un an sans qu' ça paraisse
J'aurai l'instruction !

Elle sort en courant et en disant.

Me v'la, mam'Groscillard, me v'la !

CABINET 22

SAYNÈTE

Représentée, à Paris, au Cercle des Castagnettes

PERSONNAGES

VIEUCHO, rentier, 50 ans............ M. EMILE V...
JOSEPH, garçon de cabinet............ PRIKA
AGLAÉ, femme de Vieucho, 30 ans..... Mme ALICE BOUDIER.

ACCESSOIRES

Pendule sur la cheminée une carte ou menu et serviette sur la table servie. Un éventail et un vêtement de garçon de restaurant pour Aglaé ; un costume de femme semblable à celui d'Aglaé pour travestir Joseph, un journal que Vieucho sort de sa poche.

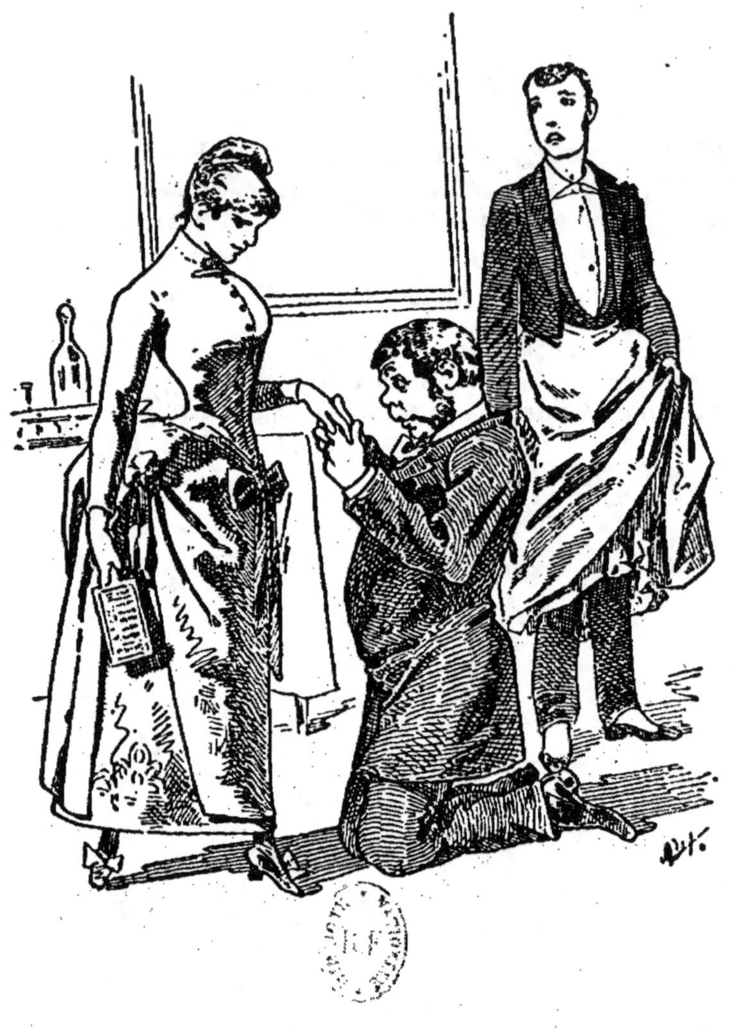

CABINET 22.

CABINET 22

La scène se passe dans un cabinet particulier d'un restaurant quelconque.

SCÈNE PREMIÈRE

JOSEPH, regardant le cadran de la pendule.

Une heure, et mon client n'est pas encore arrivé... Pourquoi ce double couvert ? Avec la perspicacité qui me caractérise, je crois deviner que ce double couvert signifie qu'ils seront deux à déjeuner. Deux ! j'en connais bien un ; mais l'autre quel est-il ? Le Monsieur m'a dit avec mystère : c'est un déjeuner d'amoureux, aie soin de nous laisser tranquilles. Mystère et beefteeks ! D'après ce discours, avec la reperspicacité qui me recaractérise, je crois deviner que le second convive est une femme... Mais, nom d'un Chateaubriand aux pommes soufflées, voilà l'heure 1/4, et personne n'est encore là, les huîtres vont refroidir !

Aglaé se présente dans le fond.

Ah ! du sexe ! c'est sans doute le second convive attendu.

Aglaé entre.

SCÈNE II

JOSEPH, AGLAÉ.

AGLAÉ.

Garçon !

JOSEPH.

Mademoiselle.

AGLAÉ.

Madame !... c'est ici le cabinet 22 ?

JOSEPH.

Les deux cocottes ?

AGLAÉ.

Pas d'allusion.

JOSEPH.

Oh! Mesdemoiselles !

AGLAÉ.

Madame !...

JOSEPH.

C'est une simple réminiscence. Lorsque j'ai quelques moments à moi j'exerce mon intelligence au noble jeu de loto et......

AGLAÉ.

C'est bien. Vous attendez quelqu'un?

JOSEPH.

En effet.

AGLAÉ

Un monsieur et une dame doivent venir déjeuner ?

JOSEPH.

Pour le monsieur j'en suis sûr; quant à la dame, je n'ai pas encore aperçu la boucle de sa jarretière.

AGLAÉ.

Je l'espère bien ! et le monsieur ?

JOSEPH.

Assez vieux et assez laid.

AGLAÉ.

C'est bien lui ! ! !

JOSEPH, à part.

Pourquoi ces questions ? (Haut.) Mademoiselle ?

AGLAÉ.

Madame !!!...

JOSEPH.

Madame serait-elle la deuxième personne attendue ?

AGLAÉ.

Attendue, non pas précisément; garçon, voulez-vous gagner trois louis!

JOSEPH.

Si je veux ! si je veux ! Mais madame on ne demande pas à un garçon de restaurant s'il veut gagner trois louis. Il vous dira toujours avec une émotion indicible... avec une voix pleine de.... M'offrir de l'or? pour qui me prenez-vous ? Certainement ! que je veux bien gagner trois louis, et même davantage si c'est possible ! Que faut-il faire ?

AGLAÉ.

Je vais te le dire.

JOSEPH.

Ah ! j'entends quelqu'un. (Il va à la porte du fond.) C'est mon client.

Il regarde au fond.

AGLAÉ.

Viens alors.

JOSEPH.

Mais je ne peux pas...

AGLAÉ.

Viens toujours, te dis-je !

JOSEPH.

Aurait-elle des intentions à mon égard ?

AGLAÉ.

Viens ! je te l'ordonne !

JOSEPH.

Je vous suis.

Joseph et Aglaé sortent par la droite.

SCÈNE III

VIEUCHO, entrant par le fond.

Cabinet 22... Les deux cocottes ! c'est bien ici. Tiens, il n'y a personne, ni garçon, ni andalouse... de la rue Richer. C'est bien extraordinaire. (S'asseyant.) Il est vrai que je suis en avance moi, qui me croyais en retard. Ah ! le couvert est mis... C'est déjà quelque chose; mais là n'est pas la question. Tel que vous me voyez, je suis en flagrant délit de Paphos, je cupidonne, oui je cupidonne; dame, on fait ce qu'on peut. Du reste, on est assez bien conservé sans avoir été dans du vinaigre. Mais là n'est pas la question. J'attends une jeune Nayade dont j'ai fait la connaissance hier aux Folies-Bergère pendant le ballet des grenouilles. C'est incroyable comme j'ai la conquête facile! Mais là n'est pas la question. Je lui parlai; elle me parla, nous nous parlâmes, et bientôt j'appris que c'était une descendante d'Agrippine, et enfin, après la représentation, entre une glace vanille et une choucroute garnie, je l'invitai à déjeuner pour ce matin. Dame, on fait ce qu'on peut... Vous n'auriez pas fait comme moi ?... si, je vous connais... Elle accepta, et je lui donnai rendez-vous ici. Nous échangeâmes nos cartes, et je rentrai chez moi me coucher, le cœur plein d'infini et d'extase béate. Je m'endormis en faisant des rêves cythéréens dont Hercule eût été jaloux lorsqu'il fréquentait Omphale. Mais là encore n'est pas la question. Ce qui me tracasse, c'est que j'ai perdu sa carte sur laquelle j'avais mis l'heure et l'adresse de notre rendez-vous. C'est épatant comme j'ai peu de mémoire. Voilà 1 heure et demie, et elle n'est pas encore arrivée. Est-ce qu'elle se serait moquée de moi? Oh! non! c'est impossible, elle m'a semblé être une femme trop bien élevée... descendante d'Agrippine. Ça n'empêche pas que j'ai des craintes, oui, des craintes, heureusement que le déjeuner n'est pas payé d'avance.

Joseph habillé en femme entre par le fond.

SCÈNE IV

JOSEPH, VIEUCHO.

VIEUCHO, l'apercevant.

Ah! vous voilà nymphe de mes rêves, étoile de mes nuits, sommier élastique de mes pensées.

JOSEPH.

Oh ! Modérez-vous.

VIEUCHO.

Comment voulez-vous que je me modère quand je suis près de vous... Quand vos regards, quand vos yeux, quand votre bouche, quand votre taille...

Vieucho veut lui prendre la taille; Joseph lui tape sur les mains avec l'éventail qu'il porte à la main.

JOSEPH.

A bas les pattes de homard !

VIEUCHO.

Du homard ! tu veux du homard ? tu en auras... c'est vrai, je l'avais oublié sur le menu... Sais-tu que tu es encore plus divine, encore plus enchanteresse que dans le noble promenoir des Folies-Bergère.

JOSEPH.

Je suis nature, voilà tout ! (A part.) Jouer pour cinq louis ce rôle hasardé et périlleux, ce n'est pas cher.

VIEUCHO.

La nature embellit la beauté.

JOSEPH.

Mais vous aussi vous êtes nature, (Désignant son crâne chauve.) du moins votre tête de veau.

VIEUCHO.

Ma tête de veau !!! Ah ! délicieux !!! elle est très spirituelle.

Il s'acharne à vouloir lui prendre une main qui lui donne chaque fois une tape assez forte sur la sienne.

JOSEPH, à part.

Est-ce que sa femme ne va pas venir me délivrer !!!

VIEUCHO.

Allons! ma charmante, à table ! Vous n'allez pas garder votre voile sur la figure je suppose ?

Il s'assied.

JOSEPH, s'asseyant à table en face de lui.

Impossible de le retirer, c'est un veau que j'ai fait... (Se reprenant.) Un vœu que j'ai fait depuis l'âge de six ans.

VIEUCHO.

De six ans! Mais il va vous gêner pour manger et boire !

JOSEPH.

Non, j'y suis habituée... et puis, à vous dire vrai je n'ai pas faim du tout.

Il se lève de table et gagne le fond avec inquiétude et embarras.

VIEUCHO, se levant aussi avec la serviette au cou parlant la bouche pleine.

C'est grand dommage ! un si bon déjeuner...

JOSEPH.

Demandez une gamelle au garçon, vous emporterez ma part chez vous.

VIEUCHO.

Tiens ! c'est une idée ! Mon déjeuner deviendra mon souper. (Il appelle.) Garçon ! garçon !

Entre Aglaé en garçon de restaurant. Elle porte une perdrix sur un plat qu'elle dépose sur la table en annonçant.

AGLAÉ

Perdrix, aux oranges ! (A part, à Joseph.) Encore un peu de patience !

JOSEPH, à part.

Elle est très bien en garçon de cabinet.

VIEUCHO, découpant la perdrix.

Vous allez me dire des nouvelles de cette perdrix. (Regardant Aglaé.) Tiens! ce n'est plus le même garçon que tout à l'heure!!!

Joseph donne un coup de coude significatif à Aglaé.

AGLAÉ.

Je suis d'extra. Je remplace mon camarade qui lui-même remplace un collègue qui a remplacé son remplaçant.

VIEUCHO.

Eh bien! laissez-nous! je vous sonnerai si besoin est...

Joseph retenant Aglaé par la manche pour l'empêcher de partir.

AGLAÉ, à part à Joseph.

Vous aurez deux louis de plus. (Haut à Vieuchot.) J'engage monsieur à me commander de suite.

Elle présente la carte à Vieucho.

VIEUCHO, la bouche pleine.

Laissez-moi digérer cela que diable! Je vous dis que je vous sonnerai.

Aglaé s'assied sur le divan, tire un journal de sa poche et le lit.

VIEUCHO, irrité par ce jeu de scène se levant de table avec colère.

Comment! le garçon reste et se met à lire le journal! C'est trop fort!!!

JOSEPH, s'efforçant de ne pas rire.

Laissez-le donc lire, il ne nous gêne pas.

VIEUCHO.

Voulez-vous vous en aller !!!

AGLAÉ.

Vous m'interrompez au milieu d'un fait divers bien intéressant !!!

VIEUCHO.

Beau malheur !

AGLAÉ.

C'est un mari qui trompe sa femme en cabinet particulier et que sa femme assassine pour lui apprendre à vivre plus correctement.

JOSEPH, riant.

C'est bien fait pour le mari !

VIEUCHO, hors de lui, à Aglaé.

Sortez ! sortez à l'instant, je vous l'ordonne !

AGLAÉ.

C'est bon, on s'en va parce qu'on ne veut pas être témoin de vos crimes...

VIEUCHO, furieux.

De mes crimes !!!...

Il veut pousser Aglaé dehors; celle-ci lui flanque un soufflet et sort.

VIEUCHO, se frottant la joue.

C'est trop fort !!!...

JOSEPH, riant.

Vous lui aviez commandé une omelette soufflée ?...

VIEUCHO.

Pas d'omelette, et encore moins de soufflet.

JOSEPH.

C'est un garçon modèle.

VIEUCHO.

Ah ! je ne trouve pas ; mais n'en parlons plus. Je me plaindrai à son patron, et il sera renvoyé.

JOSEPH.

Lui faire perdre sa place, ce serait indigne. Je vous demande sa grâce.

VIEUCHO.

Soit, je le grâcie, je n'ai rien à vous refuser, à vous, belle enchanteresse.

JOSEPH, à part.

Bigre ! il reprend feu...

VIEUCHO, piquant au plat.

Tiens ! il n'y a plus rien dans le plat; qui donc a fini la perdrix ?

JOSEPH.

N'accusez personne : c'est moi pendant que vous discutiez avec le garçon. Il fallait bien que je m'occupasse.

VIEUCHO.

Et que vous mangeassiez et buvassiez.

JOSEPH, choqué.

Oh! buvassiez ! quel solécisme !

VIEUCHO.

Une sole, vous vouliez une sole et cisme, et vous ne le disiez pas !

JOSEPH.

(Haut). Vous êtes trop bon. (A part.) Quel imbécile !!!

VIEUCHO.

(Haut.) Tu ne connais pas encore toute ma bonté (A part.) Il n'y a pas à dire, j'ai retenu le cabinet 22 ; il faut qu'il me serve...

JOSEPH.

Ah ! mon Dieu, il me regarde avec des yeux en boules de loto... il m'épouvante...

Il se lève de table ; Vieucho marche droit sur lui. Joseph court dans le cabinet, Vieucho court après lui.

JOSEPH.

Est-ce que vous voulez jouer à chat ?

VIEUCHO.

A chat, c'est-à-dire que je ne demande que *cha*.

JOSEPH.

C'est un charabia !

Vieucho attrape Joseph et veut l'embrasser, mais celui-ci lui donne une gifle.

VIEUCHO, se frottant la joue.

Celle-là dépasse les bornes de la giflographie... Mademoiselle, j'appelle le garçon pour qu'il vous mette dehors !!!

Joseph se cache la tête dans les mains pour ne pas que Vieucho le voie rire.

AGLAÉ, rentrant dans l'habillement de son sexe.

Monsieur m'a sonné?

Ce disant elle se tient devant la porte, les bras croisés, et regardant fixement Vieucho.

VIEUCHO, stupéfait.

Ma femme!!!!!

JOSEPH.

Tableau!!!!

Il sort.

SCÈNE V

VIEUCHO, AGLAÉ.

AGLAÉ.

Mes compliments, Monsieur, vous les choisissez charmantes!

VIEUCHO.

Aglaé, je te jure que cette jeune fille est encore digne de porter la fleur d'oranger.

AGLAÉ.

Vous êtes un misérable, mais peu m'importe, je me trouve suffisamment vengée...

VIEUCHO.

Que veux-tu dire?

AGLAÉ, appelant.

Joseph!

(Voix de Joseph) :

Voilà ! ! !

Joseph entre moitié en garçon de restaurant, moitié en femme; c'est-à-dire qu'il a sa veste de garçon et la jupe de son travestissement précédent.

SCÈNE VI

LES MÊMES et JOSEPH.

VIEUCHO.

Horreur ! c'était le garçon de cabinet, travesti ; et l'autre garçon, le garçon d'extra ?

AGLAÉ.

C'était moi, monsieur Vieucho ; vous ai-je mal servi ?

Vieucho baisse la tête et se cache les yeux.

JOSEPH.

Madame a bien gagné son pourboire.

AGLAÉ, à Joseph, lui mettant des louis dans la main.

Voici le vôtre. (Haut.) La carte, à présent.

Joseph donne la carte à Aglaé.

AGLAÉ, avec autorité à Vieucho.

Rassieds-toi à cette table. Tu as bien déjeuné au *cabinet* 22, mon coco ?

JOSEPH, voix de perroquet.

Oui, oui, oui.

AGLAÉ.

Eh bien! maintenant, tu vas y dîner avec ta légitime.

VIEUCHO, tombant aux genoux d'Aglaé.

Alors tu me pardonnes, mon Aglaé ?

AGLAÉ.

Sur toute la ligne ! (A Joseph en lui rendant la carte.) Tout cela est trop échauffant pour mon mari. Servez-nous un bon pot-au-feu !

Elle s'attable.

JOSEPH.

Une petite marmite ? Oui Madame. (A part.) C'est qu'elle est très bien, sa femme ! ! !...

VIEUCHO, à part, en s'attablant aussi.

Le pot-au-feu ! C'est justice ! Je suis le bœuf !...

Joseph sort en riant, pendant qu'Aglaé tend sa main à son mari qui l'embrasse avec effusion.

Rideau.

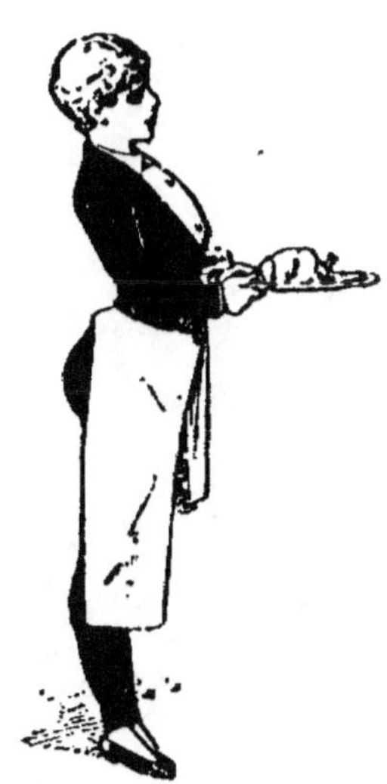

LE GUIDE

DU

BON TON

POCHADE EN UN ACTE

Représentée à Paris, au théâtre des Menus-Plaisirs.

PERSONNAGES

LIÉGEOIS, rentier, 50 ans.................... M. JACQUIER.
JOSEPH, son domestique, 20 ans............. LAROCHE.

ACCESSOIRES

Un canapé, table servie (2 couverts, mets froids), un fauteuil, un timbre pour sonner, rasoir, serviette, savon, pour Joseph qui se rase, un revolver ; un flacon de sels, un livre portant comme titre bien lisible : Le Guide du bon ton; *une canne dans un coin de la chambre.*

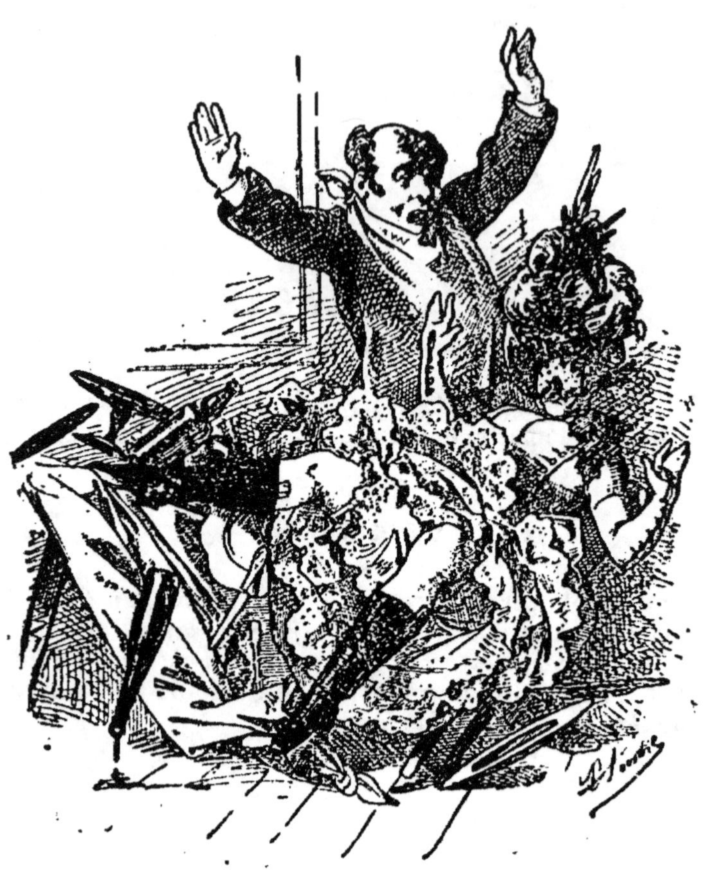

LE GUIDE DU BON TON

LE GUIDE DU BON TON

Décor. — Un salon. — Porte au fond. — Portes latérales.

SCÈNE PREMIÈRE

LIÉGEOIS, seul, emmitouflé dans une robe de chambre Louis XV et chaussé de souliers à talons rouges et à houffettes. Il est mollement étendu sur le canapé, la tête appuyée dans sa main, comme un homme qui réfléchit. Tout à coup sautant à terre.

Non, pas de réflexions... Je me connais, j'ai le cœur tendre comme un jeune artichaut de Paris. Mon gredin de domestique va venir... Je lui flanquerai son compte ; mais il se roulera à mes orteils, qu'il arrosera de larmes... je faiblirai comme un roseau courbé par la brse... et je garderai cet animal-là à mon service, sans le moindre espoir de lui inculquer jamais les belles manières qui foisonnent dans le *Guide du bon ton*, livre qui vaut véritablement plus de 3 francs, car :

AIR : de *l'Apothicaire.*

On ne saurait payer trop cher
Un ouvrage de cette sorte.
Aussi, pour ma part, je suis fier
Du succès réel qu'il remporte.
Oui, Paris doit être épaté
Tout comme moi, je le présume,
De voir tant de capacité } *bis.*
Dans un aussi petit volume. }

(Cherchant partout) Où diable l'ai-je fourré, ce précieux in-18 ? Enfin, ça ne fait rien, je n'en ai plus besoin, je le connais comme mon A B C. Pour le moment avisons au plus pressé. Chassons mon indigne serviteur. (Tirant un des cordons de sonnette qui pendent à côté de la cheminée.) Et d'un !... (Le cordon lui reste dans la main.) C'est comme cela que ça s'use... (Continuant, son cordon à la main.) Seulement, comme le drôle est vindicatif et qu'il serait capable de se rebiffer, j'ai pris mes petites précautions. (Ce disant, il sort de sa poche un revolver et chante sans musique.)

Il faut avoir une arme dans sa poche,
On ne sait pas ce qui peut arriver. (*bis*)

(Tirant le cordon de l'autre côté. Il casse.) Et de deux ! Gare à lui, s'il n'arrive pas au troisième signal ! (Au public, ses cordons à la main.) Ma profession de foi en deux mots : Je suis retiré des affaires et veuf, j'avais épousé la fille d'une marchande de la halle. De la fraîcheur, je ne dis pas non, mais plantureuse... trop plantureuse... pour un marchand de bouchons plein de cachet... Mon épouse, en m'apportant son cœur et sa dot... (Avec intention.) je me serais contenté de la dot... m'a obligé de prendre à mon service, en qualité de domestique et de cocher, son filleul, garçon auquel j'ai tout pardonné... tant qu'il servait le marchand de bouchons... mais aujourd hui que je suis rentier... et revenu dans le seul milieu qui convienne à mes allures du grand siècle, je ne puis plus le supporter... Langage, bienséance, tenue... tout cela est du javanais pour ce rustre... Vous allez pouvoir apprécier vous-même. (Allant au cordon de sonnette cassé, avec rage.) Et de... (Se rappelant.) Cassés... Ah ! (Il court à sont timbre.) Et de trois !...

SCÈNE II

LIÉGEOIS, JOSEPH.

JOSEPH, entrant, barbouillé de savon, un rasoir à la main.

Monsieur a grelotté? (Il va se raser devant la glace, et à part.) Ah! tu veux me chasser!

LIÉGEOIS.

Comment, j'ai grelotté!

JOSEPH, avec impatience.

Je veux dire : monsieur a agité le grelot, la sonnette, quoi!...

LIÉGEOIS, au public.

Vous ai-je induit en erreur? Grelotter pour sonner, sonnette pour timbre. Sa barbe, qu'il vient faire à la mienne, dans mon salon! (Haut, mielleusement.) Joseph, mon garçon...

JOSEPH, à part.

Il sucre le bord de la coupe. (Haut.) Ne me parlez pas, vous me feriez couper.

LIÉGEOIS, à part, défiant.

Hein! couper! couper qui? Quel est son but? Et dire que je n'aurais qu'à faire ça, moi... (Il fait le simulacre de presser la détente de son arme.) pour le raser de ce monde. (Haut.) Joseph, mon bon ami... (A part.) Attention là. (Haut.) Je te flanque à la porte. (A part.) Ça y est.

JOSEPH, au public.

Qu'est-ce que je vous disais ? (S'avançant vers Liégeois avec un rire étrange.) Eh ! eh ! Oh ! oh ! Ah ! ah ! elle est bien bonne celle-là. (Considérant son rasoir.) Monsieur plaisante... heureusement que j'ai le fil ! (A part.) et mon moyen tout prêt pour me venger.

LIÉGEOIS, reculant effrayé.

Le fil... plus de doute, il se méfie. (Haut, reculant.) Mais non, mais non, je parle on ne peut plus sérieusement. (A part.) Oh ! mon revolver, ne va pas rater !

Il dissimule l'arme dans sa manche.

JOSEPH, avec emphase.

Et à l'occasion de quoi, de qu'est-ce, une décision aussi grave ?

Il ferme son rasoir.

LIÉGEOIS, à part.

Par saint Laensberg ! Il renonce à son projet homicide.

JOSEPH, fausse sortie.

Une fois rincé... je suis à vous.

LIÉGEOIS.

Finissons d'abord. Je te le répète, je ne veux plus à mon service d'un homme aussi mal élevé que toi.

JOSEPH, s'essuyant le visage.

Ça, c'est vrai que, pour le chic et la distinction, je ne suis pas capable de décrotter les caoutchoucs de madame la baronne de Bassinenville.

LIÉGEOIS.

Comtesse ! Elle est comtesse.

JOSEPH.

Quel *conte est-ce* que vous me faites là ? Je disais donc : de la baronne de Bassinenville... dont les fariboles ont tourné la girouette à monsieur.

LIÉGEOIS.

Ma girouette !... Insolent !

JOSEPH.

Puis-je appeler autrement ce qui sert de tête à monsieur ?

LIÉGEOIS.

Tu le vois, tu recommences.

JOSEPH, à part.

Sans compter que je n'ai pas fini. (Haut.) Que voulez-vous ? j'ai une nature inculte et sauvage, monsieur le sait... Je ne descends pas des croisades... moi, et mon enfance ne s'est pas écoulée sur les genoux de la petite mère Sévigné.

LIÉGEOIS.

Mais, malheureux !...

JOSEPH.

Mon père, puisque père j'eus, graissait tout simplement les grues, pas des grues comme celles que monsieur fréquentait l'hiver dernier, non, les grues de la gare de Lyon.

LIÉGEOIS.

Impertinent ! (A part.) Comment sait-il ça ?

JOSEPH.

Quant à ma mère, ce n'est pas à ramasser les bouts de cigares sous les tunnels qu'elle pouvait acquérir ce genre huppé que les parents de monsieur lui ont infiltré par les orteils.

LIÉGEOIS, allant à lui.

Pas un mot de plus...

JOSEPH, ricanant.

Plus un mot ! Ah ! ah ! ah ! quatre-vingt-treize si je veux !

Il marche sur Liégeois avec son rasoir.

LIÉGEOIS.

Qu'est-ce à dire ?

JOSEPH.

Que je ne sortirai pas sans vous avoir mis quelque chose dans la main... sans savoir ce que peut avoir dans le ventre un ex-marchand de bouchons toqué d'une comtesse plus légère encore que sa marchandise.

LIÉGEOIS.

Le drôle ! Il me nargue ! il me gouaille ! Partiras-tu, à la fin ?

JOSEPH.

Oui, mais comme le canon du Palais-Royal, quand il sera midi.

LIÉGEOIS, regardant la pendule.

Encore un quart d'heure. (Avec rage.) Ah ! tiens, misérable ! c'est toi qui l'auras voulu.

Il brandit son arme.

AIR : de *Barbe-bleue Ma première femme est morte.* (Offenbach).

JOSEPH.

Pour un bourgeois gentilhomme,
C'est plaisant d'admirer comme
Vous ne l'êtes pas du tout.

LIÉGEOIS, à part.

Je sens qu'il me pousse à bout.

JOSEPH.

Avec de telles colères,
Vous traînez dans les ornières
Vos manières...

LIÉGEOIS.

Princières.
Ce laquais me rendrait fou.

ENSEMBLE.

LIÉGEOIS.

De rage mon sang bouillonne,
Son audace m'aiguillonne.
Aussi, l'sort en est jeté,
Je vais commettre un'lâch'té,
Sache, animal, que je peux
T'escrabouiller si je veux.

JOSEPH.

De rage son sang bouillonne
Mon audace l'aiguillonne,
Je le crois tout disposé,
A commettre une lâch'té.
Tire! je nargue, mon vieux,
Ton revolver Lefaucheux.

(Liégeois tire, le coup rate)

JOSEPH, se sauve en riant et en criant.

Oh! oh! Ah! ah! Elle est bien bonne, celle-là!

SCÈNE III

LIÉGEOIS, remettant son revolver dans sa poche.

Pas de chance... (Après une pause.) Au fond, j'aime mieux cela... à cause des suites... Enfin, m'en voilà débarrassé! et il n'était que temps! Quelle félicité de n'avoir plus sous les yeux cet être vain, ordinaire et sans cachet que j'associais fatalement à ma vie... auquel je confiais jusqu'à ma correspondance! Se peut-il? déjà la demie, et moi qui oublie que j'ai invité mon ami Taïcoun, le savant professeur d'Aaissouas, l'ancien secrétaire de Théodoros, à venir déjeuner avec moi. Je vais mettre le couvert comme je pourrai. Où est la table? (Allant à gauche.) Tout était acheté, et cet animal de Joseph a dû tout préparer... c'est un déjeuner froid... (Sortant à gauche et rentrant avec une table servie.) Ah! la voici. (Jeu de scène.) Ah! mon Dieu! serait-ce déjà ce cher ami? Voilà! voilà! monsieur l'impatient. (Il ouvre la porte du fond, entre Joseph déguisé en grande dame. A part.) Tiens, ça n'est pas le Taïcoun. (Haut, saluant.) Madame, j'ai bien l'honneur...

SCÈNE IV

LIÉGEOIS, JOSEPH, en grande dame.

JOSEPH.

Ah! pardon! pardon!... Je m'aperçois que je fais erreur, je me serai trompé de porte. (Fausse sortie.)

LIÉGEOIS.

Ça dépend, chère dame. Qui demandez-vous? (A part.) Elle est très bien.

JOSEPH, arrangeant sa robe.

Ah! mon Dieu, monsieur, c'est simple comme bonjour.

LIÉGEOIS, indiquant son salon.

Entrez donc, vous serez mieux dans mon salon que dans l'antichambre.

JOSEPH, entrant.

Ce n'est pas de refus... J'ai horreur des cou... cou...

LIÉGEOIS, à part.

Comment des coucous!

JOSEPH, éternuant.

Atchoum!... (Gracieusement.) rants d'air.

LIÉGEOIS, à part.

Elle est décidément très bien; elle vous a un petit nez de voleur, un nez... grec. (Haut, offrant un fauteuil.) Asseyez-vous, je vous prie.

JOSEPH, tombant dans le fauteuil.

Ça n'est pas de refus. Ouf !

LIÉGOIS, à part.

Aïe! tout a craqué!

JOSEPH.

A me voir aussi lasse, convenez qu'on ne croirait pas que je suis venue ici en équipage à la Daumont. Il saute comme un postillon.)

LIÉGOIS.

A la Daumont! Ce doit être bien agréable d'avoir un huit-rsesorts à sa disposition?

JOSEPH.

Ah! dame, c'est urgent dans ma po...

LIÉGOIS.

Dans votre po...

JOSEPH, *éternuant.*

. Atchoum !... Oui, c'est indispensable dans ma position. Décidément je me suis enrhumée dans votre antichambre.

LIÉGOIS.

En effet, madame a failli attendre...

JOSEPH.

Et cela ne m'arrive jamais avec le train de maison que je suis forcée de mener depuis que j'ai publié mon *Guide.*

LIÉGOIS.

Votre guide ?

JOSEPH

Oui... l'idée m'en est venue un jour que je venais de prendre ma part d'un délicieux raout...

LIÉGEOIS.

En effet, un bon ragoût...

JOSEPH, *impatienté.*

Mais vous n'y songez pas... cher monsieur... je vous dis raout : lunch... soirée à laquelle assistaient pas mal de jeunes gommeux en lisière qui me parurent se conduire comme des maquignons revenant de la foire.

LIÉGEOIS.

Ça ne m'étonne pas !

JOSEPH.

Je m'en trouvais toute confite.

LIÉGEOIS.

Confuse...

JOSEPH.

Oui confuse... la langue m'a fourché... aussi à peine rentrée à mon hôtel, je saisis ma bonne plume de Tolède, et les pieds sur ma cheminée, j'accouchai pendant la nuit...

LIÉGOIS, se levant stupéfait.

Les malheureux ! A quoi ils vous exposaient cependant.

JOSEPH.

Rassurez-vous, l'enfant se présenta si bien, que le lendemain il était à Poissy.

LIÉGOIS.

Au marché... (Se reprenant.) Chez une nourrice...

JOSEPH.

Mais non, chez l'imprimeur, et huit jours après tout Paris lisait le *Code du Cérémonial* ou *Guide du bon ton.*

LIÉGEOIS.

Comment, madame, c'est vous qui avez écrit cet ouvrage ?

JOSEPH.

Et je m'en flatte, aujourd'hui que la dixième édition est sous presse.

LIÉGEOIS, dans le ravissement.

Ainsi, moi ex-marchand de bouchons, moi homme du peuple, quoique noble par le cœur, c'est à la comtesse de Bassinenville que j'ai l'honneur de présenter mes hommages ?

JOSEPH, révérence cocasse.

A elle-même

AIR connu.

Le monde entier lira mon cé...
Mon ré...
Mon i...
Mon Cérémonial.
C'est un succès py... py... py... py...
C'est un succès pyramidal.

LIÉGEOIS.

Si nous arrivons, ô ma mie,
A la centième édition,
Sur le fronton d' l'Académie
Paris inscrira votre nom.

ENSEMBLE.

Le monde entier lira {mon / son} cé.....

Etc.

LIÉGEOIS, à part.

Oh! ma bonne étoile, merci! c'est toi qui me l'envoies franco.

JOSEPH, se levant.

Allons, je vous quitte... erreur n'est pas compte.

LIÉGEOIS.

Non, comtesse... mais encore... n'êtes-vous pas à la minute.

JOSEPH.

Je vous l'ai prouvé, je crois, en vous sacrifiant mon temps pendant que votre voisin, un de mes meilleurs élèves... m'attend impatiemment pour prendre sa leçon...

LIÉGEOIS.

Une leçon à son âge ! de quoi ?

JOSEPH.

Mais de civilité, de savoir vivre, comme j'en donne moyennant 20 francs le cachet à tous ceux des deux sexes, hommes, femmes et cochers de fiacre, qui veulent m'honorer de leur confiance.

LIÉGEOIS, à part.

20 francs, c'est raide !

JOSEPH, rapidement, sortant un petit livre de sa poche et le présentant à Liégeois.

Exemple : je vous mets mon Guide entre les mains.

LIÉGEOIS.

Merci, j'en ai acheté un.

JOSEPH.

Alors je ne vous le mets pas entre les mains, c'est vous qui vous le mettez sous les yeux pour le lire nuit et jour.

LIÉGEOIS.

Jour et nuit...

JOSEPH, rapidement.

Ça revient au même. Quand vous le savez par cœur, pan ! vous laissez tomber dans la fente postale quelques lignes affranchies, je les lis, et vlan !.. je fais atteler... mes coursiers s'élancent... j'arrive... je monte, je frappe... vous m'ouvrez... je vous interroge... je corrige... je pars... et fouette cocher. Pendant quinze jours du même exercice, j'ajoute un adepte de plus au cérémonial qui me vaudra une statue en terre de pipe sur les gazons de Montretout. (Changeant de ton.) Sur ce, au revoir, bien fâchée de vous avoir dérangé.

LIÉGEOIS, se mettant en travers de la porte.

Oh! non, vous ne partirez pas!! madame la comtesse, le gazouillement du papillon qui butine le calice des pissenlits dans les champs ne produit pas à mon oreille le charme enivrant de vos paroles. Aussi, est-ce le dos plié en deux comme une charnière et le front courbé dans la poussière de mon tapis d'Aubusson que je vous supplie de faire quelque chose en ma faveur.

JOSEPH, à part.

Où veut-il en venir?

LIÉGEOIS.

Comtesse, remettez à demain la leçon de civilité puérile et honnête que vous alliez donner à mon veinard de voisin et faites-m'en profiter illico.

JOSEPH, semblant hésiter.

Impossible, que penserait mon élève?

LIÉGEOIS.

Mais lui, il est jeune, il a le temps d'attendre, tandis que moi!...

JOSEPH.

Remettez-vous... Songez que vous parlez à une grosse sensitive.

LIÉGEOIS.

Donnez-moi du bon ton, j'en veux, j'en ai soif? Eduquez-moi, façonnez-moi, je vous le demande, madame la comtesse. Au nom de ce que vous avez de plus cher après votre loyer... et votre noble époux.

JOSEPH, souriant.

Passez... passez l'époux... il est sorti.

LIÉGEOIS.

Comme Madame Benoiton ?

JOSEPH.

Méchant !... Non, je suis veuve depuis cinq semaines.

LIÉGEOIS, sautant de joie.

Veuve... Une heure passée... Taïcoun qui ne vient pas... (Haut, indiquant la table servie à Joseph.) Tenez, comtesse, asseyez-vous là, en face de moi, et partageons ensemble ce déjeuner froid.

JOSEPH.

Oh ! jamais ! (Instinctivement il aide Liégeois à avancer la table.) Je sors de table... j'ai encore... une botte d'asperges sur l'estomac.

LIÉGEOIS.

Raison de plus, il n'y a rien de tel que le pâté pour faire descendre les asperges.

JOSEPH, s'attablant.

Soit ! c'est bien pour ne pas vous contrarier.

LIÉGEOIS, à part se frottant les mains.

Tous les professeurs de javanais du monde peuvent venir, le diable m'emporte si je vais leur ouvrir.

JOSEPH, se versant à boire.

Vous y êtes?

LIÉGEOIS.

Oui, comtesse.

JOSEPH, reposant la bouteille.

Eh bien, à votre santé.

Il boit d'un trait.

LIÉGEOIS, vexé.

Mais vous ne m'avez pas servi.

JOSEPH.

Je le sais bien, j'aurais manqué aux convenances. (S'essuyant la bouche avec la nappe.) Ne faites pas attention.

LIÉGEOIS, à part.

Bon, ma nappe à présent.

JOSEPH.

C'est ainsi que ça se pratique dans tous les repas officiels de l'hôtel de ville.

LIÉGEOIS.

Vraiment ? (A part.) C'est drôle, je ne me rappelle pas avoir lu ça dans son Guide. (Joseph pique dans son assiette.) Comment, comment, elle pique dans mon assiette?

JOSEPH, riant, la bouche pleine.

Je parie que ce que je fais là vous semble grossier.

LIÉGEOIS, embarrassé.

Dame... comtesse...

JOSEPH.

Eh bien, non, c'est la quintessence du raffinement. Rappelez-vous que madame de Pompadour accommodait la salade avec ses doigts.

LIÉGEOIS, à part.

Elle est adorable.

JOSEPH.

Ouvrez mon Guide et vous lirez, chapitre XVI, page 21, article 49 : « Il faut avoir soin de promener sa fourchette dans l'assiette de son voisin, quand on y voit un morceau friand que l'on eût préféré trouver dans la sienne. »

LIÉGEOIS.

Non, tant que je vivrai, et je veux vivre aussi vieux qu'un éléphant, je ne me souviendrai de cet article-là.

JOSEPH.

J'en ai bien d'autres dans mon code qui vous surprendraient.

Il met du sel dans l'assiette de Liégeois.

LIÉGEOIS, très vivement.

Pardon, je suis assez salé.

JOSEPH, le verre à la main.

« On ne l'est jamais de trop, devant briller par le *port*... » Chapitre V, du Port et de la Démarche.

LIÉGEOIS.

Madame la comtesse va boire encore ça tout d'un trait?

JOSEPH.

Certainement, et vous n'y manquez pas, fussiez-vous invité à l'ambassade d'Angleterre... (Claquant sa langue.) Un léger plumet ne messied pas dans la haute.

LIÉGEOIS.

Pas possible !

JOSEPH.

Si possible, au contraire, que je pourrais vous citer maintes grandes dames qui se croiraient déshonorées si la fée Pompette ne devenait leur marraine entre la poire et le géromé.

LIÉGEOIS.

Je n'en reviens pas, les genoux m'en tombent.

JOSEPH, à part.

Qu'est-ce que j'ai donc fait de mon mouchoir ?

Il se mouche dans sa serviette et la met dans sa poche.

LIÉGEOIS, stupéfait.

Comment elle se mouche dans sa serviette ! Ah ! c'est trop fort ! (Haut, avec ironie.) Allons, madame la comtesse, je vois que votre nom passera à la postérité.

JOSEPH.

Gros farceur, il y passera, parce que celle qui a fait le Guide a d'autres cordes à son arbalète.

LIÉGEOIS.

Ah ! bah !

JOSEPH.

Je connais tous les arts d'agrément. Tenez, avec moi la Patti n'existe pas.

LIÉGEOIS.

Cependant, vous avez un joli coup de fourchette.

JOSEPH.

Ce n'est pas de l'appétit que je vous parle, c'est de la Patti.

LIÉGEOIS.

Ah! vous chantez ?

JOSEPH.

Comme un rossignol en vendanges... et je danse comme un pigeon... sans cela est-ce que j'eusse pu me guider moi-même dans mon Cérémonial.

LIÉGOIS.

Mais vous n'avez pas de musique...

JOSEPH.

Est-ce que j'en ai besoin ? Est-ce que je ne suis pas complète !... Écoutez la gamme *passionnelle* ?

LIÉGEOIS.

La gamme passionnelle. Ah ? c'en est trop!...

Jeu de scène.

AIR : *d'Il Baccio.*

Ah! tenez, comtesse,
Rien que la main que je presse
Me jette dans une ivresse
Où j'entrevois le bonheur.

Il fait valser Joseph.

JOSEPH.

Ah! laissez-moi, je vous prie,
C'est de la folie
Si vite on s'oublie
Quand on a du cœur!

LIÉGEOIS.

Ah! mon Dieu ! qu'avez-vous !

JOSEPH, tombant sur une chaise.

Je ne sais...

LIÉGEOIS.

Mais vous vous trouvez mal.

JOSEPH, se touchant l'estomac.

Non... mais j'ai là comme une boule qui va, qui vient, qui monte, qui descend... (Poussant un cri.) Ah ! ah ! des sels !... du vinaigre !...

LIÉGEOIS.

Comtesse, revenez à vous... Ce n'est pas une boule... N'est-ce pas plutôt une baleine sortie de votre corset ?...

JOSEPH, le repoussant, suffoquant.

Une baleine... non, non. J'ai le dos fin, et je ne suis pas mère. Des sels ! des sels !

LIÉGEOIS, comme se rappelant.

Vite, mon flacon des quatre-voleurs... Il doit être sur mon étagère...

Il sort vivement par la droite.

JOSEPH, à part.

Ah ! tu me flanqueras à la porte ! Ah ! tu veux des belles manières. Eh bien, je ne te lâcherai pas que tu ne sois à mes genoux.

LIÉGEOIS, rentrant avec le flacon.

Enfin ! (Tendrement à Joseph.) Comtesse, respirez.

JOSEPH, s'agitant.

Laissez-moi, monsieur de La Trémouille.

LIÉGEOIS.

Elle connaît jusqu'aux La Trémouille ! (Lui tenant le flacon sous le nez.) Au nom de la Trémouille, revenez à vous.

JOSEPH, se calmant.

C'est étrange, j'étais partie.

LIÉGEOIS, tendre.

Vous vous croyiez à Madagascar ?

JOSEPH, comme ébloui.

Non, j'étais à l'Alcazar de Tombouctou... (A part.) Une fois dans sa chambre... je connais la porte des petites entrées... adieu la comtesse.

LIÉGEOIS.

Mettez-vous à votre aise, vous êtes ici comme chez vous.

JOSEPH, se levant et gagnant la gauche.

Eh bien, laissez-moi aller desserrer mon corset...

LIÉGEOIS.

Comment donc... ma chambre est à votre disposition, vous y trouverez toutes les commodités désirables.

JOSEPH.

C'est très bien, vous êtes mon sauveur ! Aussi ma reconnaissance vous est-elle acquise à jamais.

LIÉGEOIS.

Vous me comblez, comtesse.

JOSEPH, sur le seuil de la porte de gauche.

Vous me direz ce que vous désirez de moi... (A part.) Compte dessus.

LIÉGEOIS, très monté.

Ah ! comtesse, je...

Il reçoit la porte sur le nez.

SCÈNE V

LIÉGEOIS.

Ce que je désire... Mais elle l'a deviné, je ne puis plus en douter, cette dernière phrase à double entente qu'elle vient de me lâcher à bout portant en me flanquant la porte sur le nez veut assez dire ceci : « Vous n'avez pas le moindre champ d'azur sur fond de gueules, mais je m'en fiche et je n'en daignerai pas moins vous prendre pour mon numéro deux. » (S'approchant de la porte de gauche et s'arrêtant tout court.) Dire qu'elle est là.. en train de... C'est canaille ce que je vais faire; mais tant pis! pourquoi est-elle si séduisante? (Regardant par le trou de la serrure, et indiquant sa stupéfaction.) Non!... ce n'est pas possible!! Ce serait un homme... cette comtesse!... Non, j'ai mal vu, je veux regarder encore. (Il regarde.) Ah! ça... mais... c'est comme chez Nicolet... (Elevant la voix.) De plus fort en plus fort! La comtesse est un homme, et cet homme c'est... je vous le donne en dix carambolages... c'est Joseph! (Arpentant la scène à grands pas. Il se rapproche de la porte, et frappant après une pause.) Il ne répond pas. Je vois ce que c'est: après s'être joué indignement de moi, il espérait s'échapper par mes petites entrées. Quelle bonne idée j'ai eue ce matin d'en retirer la clef... Ah! tu veux jouer les comtesses, je vais te faire sauter comme un marquis, moi!

La porte de gauche s'ouvre, Joseph rentre.

SCÈNE VI

LIÉGEOIS, JOSEPH.

JOSEPH.

Je vais beaucoup mieux, je suis délacée.

LIÉGEOIS, à part.

Attends! je vais t'en flanquer, moi, des délacements... comiques.

JOSEPH, entrant avec embarras.

Me voici, cher monsieur! (A part.) Pincé, la porte était fermée.

LIÉGEOIS.

Eh bien! voyons, maintenant vous savez ce que vous m'avez promis.

JOSEPH, à part, regardant la porte du fond, très-ennuyé.

Comment sortir de là et d'ici... (Haut.) Tenez, je veux être franche jusqu'au bout; j'aurais grand plaisir à vous donner encore quelques instants, mais...

LIÉGEOIS.

Mais?

JOSEPH.

Je suis attendue à quatres heures aux buttes Saint-Chaudemont, sous la grotte, pour montrer à des étrangers le suprême bon ton quand on se promène autour d'un lac rempli de poissons rouges.

LIÉGEOIS, rire sardonique.

Ah! ah!... des poissons rouges! (A part.) Quel toupet! mes enfants. (Haut.) Eh bien! comtesse, puis que vous indiquez toute les façons de se promener, indiquez-moi donc, avant de partir, la manière de renvoyer un domestique qui se fiche de son maître.

JOSEPH, interloqué et payant d'aplomb.

Je vous l'ai dit... je reviendrai.

LIÉGEOIS.

Non, non, j'y tiens.

JOSEPH, à part.

C'est que je n'y tiens pas du tout, moi.

LIÉGEOIS.

Vous hésitez? Eh bien! je puis vous le dire sans Guide, moi.

JOSEPH, regardant avec inquiétude.

Ah! vous croyez?

LIÉGEOIS, doucereux.

J'en suis aussi sûr, belle comtesse. (Flanquant un grandisime coup de pied quelque part à Joseph.) que je te traite comme tu le mérites, affreux drôle!

JOSEPH, av.c dignité.

C'était écrit!

LIÉCEOIS, arrachant la robe de Joseph.

Oui, chapitre V de ton Cérémonial. Ah cà! me diras-tu où tu voulais en venir?

JOSEPH, riant bêtement.

Ah! ah! Oh! oh! elle est bien bonne, celle-là! Mais, à vous prouver tout simplement que les guides de votre cocher valent encore mieux que celui du Cérémonial. (Changeant de ton et se dirigeant magistralement vers la porte du fond.) Sur ce j'attends que monsieur veuille bien me dire s'il maintient ma révocation...

LIÉGEOIS.

Qu'est-ce que tu me chantes, avec ton style d'antichambre?

JOSEPH, allant à la porte du fond.

Dame, monsieur, on connaît son Musset. (Avec emphase.) Il faut qu'une porte soit ouverte ou fermée.

LIÉGEOIS, après réflexion.

Ferme-la!

JOSEPH.

Pour m'en aller?

LIÉGEOIS, avec bonhomie.

Non, je te garde, tu vaux ton prix.

JOSEPH, se poussant du col.

On le dit.

LIÉGEOIS, à part.

Coquin! je te punirai par où tu as péché. (Haut, avec une allure de Comédie-Française, se laissant tomber dans un fauteuil.) Frontin!

JOSEPH.

Joseph, monsieur.

LIÉGEOIS.

Non, à l'avenir tu t'appelleras Frontin; j'adopte les

grandes façons. (Allant chercher une canne dans un coin.) Et pour n'y plus manquer. (Menaçant Joseph.) Tu vas aller m'acheter un *Guide du bon ton.*

JOSEPH, en sortant un de sa poche.

Le guide demandé, monsieur.

LIÉGEOIS, à part.

Je m'en doutais, c'est lui qui me l'avait chippé. (Haut, colère.) Eh bien! garde-le, maroufle, je te condamne à l'apprendre par cœur, ou sinon, comme au bon temps, on rossera ce cher M. Frontin.

JOSEPH, hochant la tête.

Elle est mauvaise, celle-là.!

AIR de *Saltarello.*

LIÉGEOIS.

Chers messieurs, et vous nobles dames,
Qui venez ici chaque soir
Rendre le courage à nos âmes
Par quelques chauds coups d'encensoir,
Permettez, si je ne m'abuse,
En guise de couplet final,
De vous présenter cette excuse
De notre Cérémonial.
Le cocher pourrait-il sans guides
Conduire un instant ses chevaux ?
Sur le bord des torrents perfides
Irait-on par monts et par vaux ?
Tout comme au long des précipices,
Sur nos rails de chemins de fer,
Ou bien à travers les coulisses,
Sans guide va te fair'lan lair !
Chaque jour dans la capitale,
Enfer surnommé paradis,

On s'exposerait au scandale
Sans un bon guide dans Paris.
Notre armée, possède des guides.
L'anglais dans sa poche a le sien :
Les premiers, soldats intrépides;
L'autre ach'té boul'vard Italien.
Pour être admis dans une école,
Pour être reçu bachelier,
Pour faire la moindre bricole,
Exercer l' plus petit métier,
Ne faut-il pas coûte que coûte
Rencontrer sur notre chemin
Quelqu'un qui nous montre la route
En nous conduisant par la main?
Bref, à chaque âge de la vie,
En étude comme en amour,
Pour la sagesse ou la folie,
C'est un guide qu'il faut toujours.

REPRISE EN SEMBLE.
Partant de là, tous, je le pense,
Vous devinez bien notre espoir;
C'est que, messieurs, votre indulgence
Nous serve de guide ce soir.

Rideau.

LE TRAIN DES BELLES-MÈRES

DÉRAILLEMENT D'ESPRIT EN 1 ACTE

Arrivé à Paris, au théâtre de l'Athénée

— *En collaboration avec M. Charlet* —

PERSONNAGES

PIGNOUFLET, rentier, 40 ans............	MM. DUCHAMEL.
BAPTISTE, son domestique...............	ALLARD.
ESTELLE, femme de Pignouflet, 25 ans...	A. LAURENT.

La scène se passe à Paris chez Pignouflet.

ACCESSOIRES

Un code pour Pignouflet, un indicateur des chemins de fer, ce qu'il faut pour écrire, le Petit Journal, *une valise pour Estelle, une lettre sous enveloppe, un tablier pour Baptiste.*

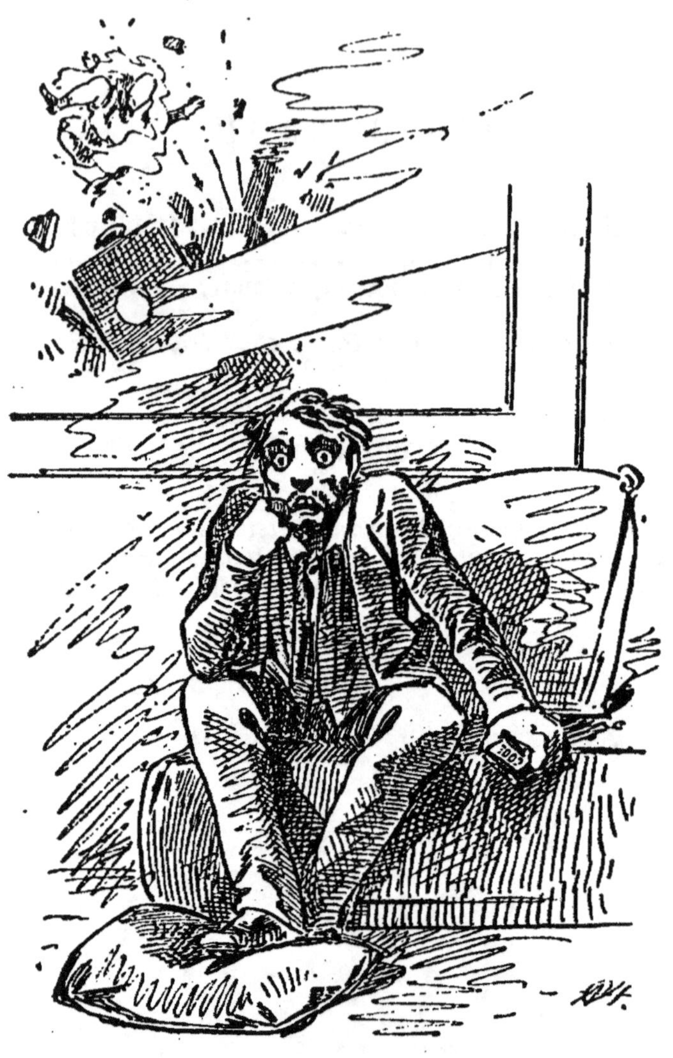

LE TRAIN DES BELLES-MÈRES

LE TRAIN DES BELLES-MÈRES

Un salon ordinaire. Porte au fond, portes latérales. A droite, premier plan, un canapé, un guéridon placé à l'extrême droite; au deuxième plan, porte conduisant aux appartements de Pignouflet. A gauche, premier plan, une cheminée, avec pendule et candélabres ; un fauteuil devant la cheminée ; deuxième plan, porte conduisant aux appartements de la belle-mère ; chaises dans le fond.

SCÈNE PREMIÈRE

PIGNOUFLET, à la cantonade, à gauche.

C'est bon, en voilà suffisamment, puisque je vous répète que, (Accentuant) ça n'est pas de ma faute. (Entrant en scène, au public.) Sapristi ! elle me fait sortir de mon caractère, ma belle-mère ! oui, il ne se passe pas de jour que cette femme ne me cherche querelle, sous le prétexte que... que... (comment dirai-je cela ?) que ?... la fée aux bébés n'a pas béni notre union ! — Moi, monsieur, me dit-elle, j'ai eu douze enfants ! (il est vrai qu'il y en a onze de ratissés.) — J'ai beau répliquer : « Mais, belle maman, Estelle ne veut pas.. » — Je t'en moque ! la belle-mère ne me laisse pas le temps de continuer ; elle me foudroie d'un regard, et sort en murmurant : « On n'entre pas dans ma famille quand on n'est pas capable d'accomplir toutes les charges qui incombent à l'homme marié. » (*Avec rage, arpentant la scène.*) Et cette scène de se renouveler tous les soirs après le dîner. — (*Il s'assied sur le canapé près de sa table de travail et ouvre un livre.*) Si je suis las, si j'en ai par dessus les épaules, je vous le demande ! (*Feuilletant le livre.*) Tiens, le Code ! Aussi faudra-t-il que ma femme consente à vivre seule avec moi. (*Les yeux sur le livre.*) Quel est donc l'article du Code qui donne raison des belles-mères ? Il faudrait que l'on me chargeât de le refaire, le Code !... On verrait bien !... (*Il se lève.*) Tout dernièrement encore il n'était question que de la pieuvre, ce monstre marin, dont les suçoirs magnétiques vous enlacent jusqu'à ce que mort s'ensuive. — Eh bien ! pour moi, les belles-mères, voyez-vous, c'est comme les pieuvres, quand ça vous tient, ça ne vous lâche plus !!

ESTELLE, *dans la coulisse venant de gauche.*

Vous entendez, Baptiste ? Qu'on me laisse seule avec mon mari.

PIGNOUFLET, *remontant la scène.*

Ma femme... je vais la bien disposer pour sa mère.
Il se frotte les mains avec contentement.

SCÈNE II

ESTELLE, PIGNOUFLET*.

ESTELLE.

Eh bien ! mon ami, qu'as-tu donc ? comme tu es rouge... tes yeux brillent... ta main tremble...

* Estelle, Pignouflet.

PIGNOUFLET.

J'ai... J'ai... Tiens ! veux-tu que je te le dise... il faut que ta mère nous quitte. (A part.) Ouf ! ça y est !

ESTELLE.

Ma mère.

PIGNOUFLET.

Oui, ta mère !... elle vient encore de me faire une scène parce que... (Après lui avoir parlé tout bas à l'oreille.) Voyons est-ce de ma faute?

ESTELLE, rougissant.

Non... mon ami...

PIGNOUFLET, à part.

Je ne le lui fais pas dire. (Haut.) C'est une brave femme mais elle ne veut pas entendre raison, de sorte que je suis résolu...

ESTELLE.

A quoi ?

PIGNOUFLET.

A lui chercher un petit appartement dans le quartier... pas bien loin... assez cependant pour qu'elle ne soit pas toute la journée ici... Ainsi nous demeurons rue d'Aboukir nous la logerons au Jardin des Plantes !

ESTELLE.

Ma mère au Jardin des Plantes !

PIGNOUFLET.

Tu iras la voir... souvent... très souvent... elle te dira du mal de moi... ça m'est égal... Elle te dira avec mépris : — Ces Pignouflet *, comme si les Pignouflet ne valent pas les Carcassou !... Enfin j'ai décidé qu'elle viendrait dîner ici tous les vendredis... saints !

ESTELLE.

Si tu m'aimes, tu ne feras pas cela.

PIGNOUFLET.

Puisque je te dis que tu iras la voir.

ESTELLE.

Patiente encore.

PIGNOUFLET.

Je ne saurais faiblir, elle partira !

ESTELLE.

Pauvre mère !

PIGNOUFLET, assis près de la cheminée.

Ah ! elle est bien à plaindre.

ESTELLE, penchée sur son épaule.

Elle qui t'aime tant !

PIGNOUFLET.

Elle m'aime trop !

ESTELLE.

Qui me tiendra compagnie en ton absence ?

PIGNOUFLET

La femme de chambre et le *Petit Journal* que je vais te procurer...

* Pignouflet, Estelle.

ESTELLE, indignée.

Ah! c'est comme cela! Eh bien! moi aussi, j'ai mes volontés. Je veux qu'elle reste... elle restera!

PIGNOUFLET, se levant.

Elle ne restera pas!

ESTELLE, fausse sortie.

Elle restera, ou je m'en irai avec elle.

PIGNOUFLET.

Va, tu reviendras plus vite que tu ne seras partie.

ESTELLE.

Je ne reviendrai jamais; et la preuve en est que je vais faire mes paquets... (Du seuil de la porte.) Ma pauvre mère!... (Revenant sur ses pas.) Et je dirai partout... partout... que si je n'ai pas d'enf... c'est de votre faute.

Elle sort à gauche.

SCÈNE III

PIGNOUFLET seul, puis BAPTISTE.

PIGNOUFLET, se levant, au public.

Ça n'est pas vrai, je vous en donne ma parole d'honneur. Oh! cette belle-mère! Si je l'emmenais au Creuzot... dans les mines, il y a des éboulements!... elle y descendrait toute seule, et patatras... C'est une idée!!!

Il s'assied.

BAPTISTE, entrant du fond, tenant un journal et se laissant choir sur une chaise du fond.

Ah ! monsieur...

PIGNOUFLET.

Quoi ?

BAPTISTE.

C'est épouvantable !...

PIGNOUFLET.

Quoi ?

BAPTISTE.

C'est le neuvième depuis hier.

PIGNOUFLET.

Le neuvième quoi ?

BAPTISTE.

Oh ! mais celui-là est encore plus terrible !

Il se met à califourchon sur la chaise.

PIGNOUFLET.

Ah ça ! vous expliquerez-vous ?

BAPTISTE.

Quelle chute ! monsieur, quelle chute !

Il tombe par terre avec sa chaise.

PIGNOUFLET, s'efforçant de ne pas rire.

Je vous somme de me répondre et de vous relever.

' Baptiste, Pignouflet.

BAPTISTE.

Lisez, monsieur, lisez les détails de l'effroyable accident de chemin de fer arrivé hier...

PIGNOUFLET, prenant le journal.

Ça devient une habitude.

BAPTISTE.

Le plus éprouvé, c'est le train de bestiaux, monsieur ; on compte parmi les morts, quinze bœufs et une vieille ânesse.

PIGNOUFLET, poursuivant son idée.

Ah ! ma belle-mère !!!

BAPTISTE.

L'ânesse !!!

PIGNOUFLET.

Cette ligne n'a pas de chance !

BAPTISTE, imitant le cantonnier.

Monsieur doit voir cela d'ici. Le train des bestiaux rencontre le train des voyageurs. — Poussés par le choc, les voyageurs entrent dans le train des bestiaux, et les bestiaux dans celui des voyageurs, et à l'arrivée en gare au lieu de maris, les femmes trouvent des bêtes à cornes !...

PIGNOUFLET. *

Ah ! c'est égal, on a beau mettre le Progrès en avant, ce n'est pas du temps des diligences qu'il arrivait des malheurs semblables...

BAPTISTE.

Je me doute que monsieur prenait souvent le coucou.

* Pignouflet, Baptiste.

— Ah ! à propos, je viens d'avoir une dispute avec madame Carcassou, votre belle-mère,

PIGNOUFLET.

Tu lui auras encore fait quelque niche.

BAPTISTE.

Au contraire, je lui ai fait une gracieuseté ; je lui ai teint sa perruque noire en blond carotte...

PIGNOUFLET, riant.

Eh bien ! elle doit être contente.

BAPTISTE.

Pas le moins du monde ; elle prétend que j'ai voulu me moquer d'elle.

PIGNOUFLET, s'accoudant sur la cheminée.

Quelle prétention !

BAPTISTE.

Aussi, la rage aidant, il m'est venu une idée pour éloigner la bête noire de monsieur.

PIGNOUFLET, sévèrement.

Je vous défends de parler ainsi de madame Carcassou !

BAPTISTE.

Monsieur l'aime donc ?

PIGNOUFLET.

Je la déteste ! — Mais au fait, de quoi vous mêlez-vous ? (A part.) Si je la déteste !!!

BAPTISTE, lentement, insinuant.

Admettons que je n'ai rien dit, monsieur.

PIGNOUFLET, à part, le sondant, et après un temps.

Il a son idée. (Haut.) Ma belle-mère ne saurait rester longtemps avec nous, mais le moyen de nous priver de sa présence.

BAPTISTE.

Monsieur l'a, ce moyen... honnête et de bon goût...

PIGNOUFLET, se rapprochant de Baptiste.

Pour sûr, il a son idée ! (Haut.) Parlez ?

BAPTISTE.

Ecoutez, monsieur, c'est bien simple. Aujourd'hui quand une personne vous gêne, on la fait voyager fréquemment en chemin de fer. Ainsi, moi, j'ai un oncle...

PIGNOUFLET *, saisissant Baptiste par le collet, le fait tourner devant lui.

Infâme ! gredin ! Comment une pareille pensée a-t-elle pu germer dans ton cerveau mercenaire ?... ne reparais plus devant mes yeux ! je te chasse ! (Se radoucissant, à Baptiste, qui a gagné la porte.) Baptiste !... mon ami...

BAPTISTE, très grave, très raide, à part.

Il y vient. (Haut.) Monsieur ?

PIGNOUFLET, gentiment.

Va me chercher l'Indicateur des Chemins de fer.

* Baptiste, Pignouflet.

BAPTISTE.

On y va, monsieur. (A part.) Allons, y aura du gratin dans la famille.

Il sort au fond.

PIGNOUFLET.

Parfait! mais il me manque un prétexte pour la faire voyager. (Il cherche, puis soudainement.) Ah! Eureka, Eureka.

Il s'assied sur le canapé, et écrit.

BAPTISTE, qui est revenu à petits pas, regarde par dessus l'épaule de Pignouflet.

PIGNOUFLET, écrivant.

« J'ai l'honneur de vous informer que la statue du « brave général Carcassou étant complétement moulée, « l'inauguration en aura lieu samedi prochain, devant « toutes les notabilités du département qui comptent sur « votre présence. Veuillez agréer, madame, les congra- « tulations respectueuses de votre ?... » Allons? bon... voilà que j'ai oublié le nom du maire... N'importe appelons-le... Babylas ! (Cherchant dans ses paperasses.) Je dois avoir quelque part une vieille enveloppe du pays de ma belle-mère.

BAPTISTE.

Monsieur ne trouve pas mon idée si mauvaise, puisque...

PIGNOUFLET, sursautant.

Comment, drôle! tu es encore là?

BAPTISTE.

Non, monsieur, je suis parti. (A part, à la porte du fond.) La belle-mère déraillera !!!

Il sort.

SCÈNE IV

PIGNOUFLET seul, puis ESTELLE.

PIGNOUFLET.

Ça y est ; mais personne ne m'ôtera de l'idée que ce domestique est mon mauvais génie. Voyons, relisons la feuille publique.

Il lit le journal en s'asseyant sur le canapé.

ESTELLE, entrant, avec humeur, à Pignouflet.*

Oh ! de grâce, n'interrompez pas votre lecture pour... moi... Je viens vous faire mes adieux... des adieux éternels !

PIGNOUFLET, déposant son journal sur le guéridon et serrant sa femme contre lui.

Voyons, calme-toi ; ta mère restera, puisque tu y tenis...

ESTELLE.

A la bonne heure ! je vais la chercher.

PIGNOUFLET, la retenant.

Plus tard... nous avons le temps...

ESTELLE.

Ce n'est pas l'embarras, elle est furieuse. Baptiste ne s'est-il pas avisé de lui mettre des bouchons de carafe dans ses bottines?...

* Estelle, Pignouflet.

PIGNOUFLET, très joyeux.

Des bouchons de carafe dans... ses... Ah! ah! ah! elle est bien bonne celle-là.

ESTELLE.

Je serais fort étonnée que tu ne donnasses pas raison à ton domestique.

PIGNOUFLET.

C'est un homme, et les hommes doivent se soutenir mutuellement. (Donnant la lettre à Estelle.) Ah ! j'oubliais, voici une lettre que le facteur vient d'apporter pour ta mère.

ESTELLE, surprise.

Pour ma mère !

PIGNOUFLET.

Tu peux la lire.

ESTELLE, qui a lu vivement.

Oh ! qu'elle va être heureuse ! tiens ! lis à ton tour !

Elle lui donne la lettre.

PIGNOUFLET, faisant semblant de lire.

Elle va partir n'est-ce pas?

ESTELLE.

Sur-le-champ et je partirai avec elle.

PIGNOUFLET, stupéfait.

Eh ! pas de bêtises ! — Je m'y oppose. (A part.) Un meurtre en partie double ! jamais !

ESTELLE.

Tu n'a pas à t'inquiéter de moi, je ne quitterai pas ma mère !

PIGNOUFLET, à part.

Raison de plus. (Haut.) Estelle, ma gazelle, tu iras plus tard... avec moi... en chaise de poste...

ESTELLE.

Soit, mais maman ?

PIGNOUFLET.

Oh ! elle, c'est une autre paire de manches : elle ne doit pas, elle ne peut pas faire attendre. Pense donc que la cérémonie a lieu samedi, c'est-à-dire demain.

ESTELLE.

C'est vrai, je vais la presser.

PIGNOUFLET, la faisant passer devant lui.

Un instant. (A part.) Criminel, moi qui... Oh ! jamais de la vie ! (Haut.) Réflexion faite, ta mère a plus que le temps nécessaire.

ESTELLE.

Tu viens de dire le contraire !

PIGNOUFLET.

Oui, mais je me ravise. Il y a quelquefois danger à trop se hâter !

ESTELLE.

Quel danger ? ma mère a bon pied, bon œil, et les chemins de fer sont sûrs...

PIGNOUFLET.

Sûrs... sûrs... ça dépend des jours...

ESTELLE.

Ça dépend des lignes.

PIGNOUFLET, vivement.

Justement. (A part.) Flanquons du cirage sur le tableau. (Haut.) Il n'y a pas de jour qu'une locomotive n'éclate, qu'un train ne déraille, qu'un pont ne s'écroule, qu'un wagon ne prenne feu ! Hier encore... non... c'était avant-hier... un journal bien pensant donnait ce conseil à ses lecteurs : Brûlez-vous la cervelle, avant de vous embarquer sur la ligne de...

ESTELLE, vivement

Les journaux exagèrent.

PIGNOUFET.

Ils disent la vérité, toute la vérité, à preuve ce fait divers du *Petit Journal.* * (Il prend un Petit journal sur le guéridon et lit.) « Depuis quelques jours, les tentatives de suicide se multiplient d'une façon prodigieuse à Paris. Hier encore, à une gare, des passants arrachaient à une mort certaine M. X..., au moment où celui-ci allait prendre son billet. »

ESTELLE, avec humeur.

Ne pouvoir partir !

PIGNOUFLET, au comble de l'embarras.

Que ta mère voyage par eau !

* Estelle, Pignouflet.

ESTELLE.

Il faut que maman parte aujourd'hui.

PIGNOUFLET, tristement.

C'est bon, c'est bien. (Fausse sortie. A part.) Dieu m'est témoin que je voulais éviter la casse !

ESTELLE, remontant.

Où vas-tu ?

PIGNOUFLET.

Je vais brûler un cierge pour porter bonheur à son voyage !

ESTELLE.

Ah! mais, mon ami, je ne te reconnais plus... Tout à l'heure tu avais ta belle-mère en exécration...

PIGNOUFLET, la prenant par la main et la faisant redescendre.

Et à présent je l'adore, je l'idolâtre, j'en raffole ! Connaît-elle les heures de départ, madame Carcassou ?

ESTELLE.

L'Indicateur les lui fera connaître.

PIGNOUFLET, à part.

D'ici à demain je lui aurai fait changer d'avis (Haut.) Il n'y a jamais eu d'indicateur ici, ma bichette.

SCÈNE V

LES MÊMES, BAPTISTE* entrant en brandissant un Indicateur des Chemins de fer, et en poussant un rire satanique.

BAPTISTE.

L'Indicateur demandé !!!

PIGNOUFLET, avec rage, se cramponnant au canapé.

Ce n'est pas un domestique, c'est Méphistophélès !!!

ESTELLE, qui a pris l'Indicateur.

Merci, Baptiste ; c'est la première fois que vous êtes agréable à ma mère !

PIGNOUFLET.

Hélas !!!

ESTELLE, qui a consulté l'Indicateur.

Dis donc, il y a un train-poste à minuit !

PIGNOUFLET, sortant sa montre.

Dans une heure ! c'est l'enfer qui s'en mielle... mêle, veux-je dire.

ESTELLE, à Baptiste.

Baptiste, allez chercher un fiacre !

BAPTISTE.

Le char numéroté est en bas !!!

Estelle, Baptiste, Pignouflet.

ESTELLE, sortant par la gauche.

Mazette ! quelle célérité.

PIGNOUFLET.

Le misérable ! (Tristement.) Pauvre femme ! pourvu qu'elle ait pensé à faire son testament !

Il est complétement abruti.

SCÈNE VI

PIGNOUFLET, BAPTISTE.

Baptiste allume un bougeoir en chantant sans musique sur l'air des Djins. (1er jour de bonheur.)*

Ah ! voici la nuit,
Et sur la voie
J'entends les cris,
J'entends les cris
Des voyageurs...

PIGNOUFLET, se redressant comme un spectre, les cheveux hérissés.

Te tairas-tu ! serpent à sonnette ?

BAPTISTE, avec humeur.

Ah ! si on ne peut plus fredonner, autant rétablir l'esclavage et ses dépendances !

Il fredonne de nouveau.

PIGNOUFLET, se levant.

J'ai la tête en feu !... si j'allais me coucher ?... mais

* Chanter l'air exact entre les dents et lentement.

oui ; dormir c'est oublier, oublier c'est ne plus se rappeler... ne plus se rappeler c'est... C'est bien lourd sur la conscience, un train... poste !!!

Il sort à droite comme un hébété.

SCÈNE VII

BAPTISTE, seul.

BAPTISTE.

Est-il jeune cet homme là ! il a des scrupules !!! Qu'est-ce queça serait donc si, comme moi, il faisait voyager son oncle, depuis dix-sept ans, sur toutes les lignes ferrées, dans l'espoir d'en hériter plus vite ? — Oui, mais, voilà le chiendent : pendant qu'il y en a qui tombent sur les trains qui se réduisent en allumettes, mon oncle, lui, est assez veinard, pour ne prendre que ceux qui arrivent sans accident. — (Minuit sonne à la pendule.) Minuit ! l'express !!! va partir, et demain matin à huit heures on saura déjà le nombre des déraillés de cette nuit par la première édition du grand *Off*...... Et monsieur qui canait ! qui me maudissait ! Est-il primitif ! Le proverbe a bien raison : « Faites du bien à un serin, il vous !... » (Il baille.) Ah ! je tombe de sommeil !!!

Il sort au fond. La scène reste un instant déserte. Trémolo à l'orchestre. Pignouflet, en casque à mèche, une bougie d'une main et le Code pénal de l'autre, entre en scène sur la pointe des pieds.

SCÈNE VII

PIGNOUFLET, seul, puis BAPTISTE.
Tremolo au piano ou à l'orchestre

PIGNOUFLET, arpentant la scène avec sa bougie et son Code ouvert; il lit et se heurte dans tous les meubles; scène de frayeur.

« Article 296. — Tout meurtre commis avec prémédi-
« tation ou guet-apens est qualifié assassinat. — Article
« 297. — La préméditation consiste dans le dessein for-
« mé avant l'action d'attenter à la personne d'un indivi-
« du déterminé, quand même ce dessein serait dépendant
« de quelque circonstance ou de quelque condition...
« le condamné pourra réclamer le bénéfice de l'article
« 12. » — Ah ! voyons. (Il dépose son bougeoir sur le guéridon.)
« Tout condamné à mort, aura la tête tranchée. » (Pignouflet atterré laisse tomber le livre à terre et s'affaisse sur le canapé.) Moi, Hector Pignouflet, je deviens en cinq minutes faussaire et assassin avec préméditation... Mais... j'ai le droit de réclamer le bénéfice... de la tête tranchée ! — Ah ! Et ma femme qui voulait être de la petite fête!!! ô horreur ! comme si ce n'était pas assez d'un spectre ! qui va me crier jour et nuit... Meurtrier ! assassin ! belleméricide!!! (Passant sa main dans ses cheveux.) Oh ! les remords ! les remords ! J'entends déjà mes cheveux blanchir... Si j'étranglais Baptiste ? Non ! ça ferait deux assassinats ; je deviendrai fou ! (S'arrachant les cheveux.) Ah ! un mois de ma vie ! (le mois le plus honorable) pour que ma belle mère en revienne !

SCÈNE IX

BAPTISTE, entrant très content *.

Eh bien ! monsieur peut se vanter d'avoir une fière chance !

* Baptiste, Pignouflet.

PIGNOUFLET, joyeux.

Parle, parle, elle a manqué le train ?

BAPTISTE.

Non monsieur, elle est troyée. — Ce n'est jamais mon oncle qui aura cette veine-là !... Il est trop bête !

Il sort en riant aux éclats.

PIGNOUFLET, tombant anéanti sur le canapé et d'une voix éteinte.

Ah ! c'est horrible ! tout à l'heure, j'entendais mes cheveux blanchir, n'est-ce pas? Eh bien ! à présent, je les entends qui tombent.

Geste de ramasser ses cheveux par terre.

SCÈNE X

PIGNOUFLET, ESTELLE, sa valise à la main et son manteau sur le bras, entre par la gauche et dépose sa valise sur la chaise près de la cheminée.

ESTELLE, à part.

Est-ce qu'il est fou? (Haut, en allant lui prendre le bras, à Pignouflet.) Que fais-tu, mon ami ? je ne t'ai jamais vu aussi agité!

PIGNOUFLET, stupéfait à part.

Ma femme !!! pourvu qu'elle ne m'ait pas écouté! (Haut.) Tu vois, je repassais mes classiques...

ESTELLE.

A une heure du matin ?

PIGNOUFLET.

Il n'est jamais trop tôt pour repasser ses classiques.

(A part, avec un soupir de soulagement.) Elle n'a pas le moindre soupçon !

ESTELLE, se débarrassant de son manteau, qu'elle dépose sur la valise.

Tu sais la nouvelle ?

PIGNOUFLET, se levant tremblant comme la feuille.*

Oui... oui... le train... po... po..... oste a dé... déraillé... (A part.) Je n'ai plus une goutte de sang dans mes bottes !

Il retombe.

ESTELLE.

Pour cela, il eût fallu qu'il partît, et il est encore en gare... à Paris.

PIGNOUFLET, ivre de joie courant à elle.

Tu dis qu'il est en ga-ga... en gare à Pa-pa, à Paris ! et pourquoi cela ?

ESTELLE.

Parce qu'il fait un brouillard à occasionner des malheurs sur la voie. Ah ça ! mais qu'est-ce qui te prend ? Tu ne serais pas plus tremblant si tu avais commis un crime ?

PIGNOUFLET.

Alors, ta mé... mé... ta mère n'est pas... pas...

ESTELLE.

Ma mère est dans sa chambre, elle va se coucher !

PIGNOUFLET.

Ah ! Estelle, ma chère Estelle, merci pour ces bonnes paroles. — Je me sens vingt-huit ans de travaux forcés de

* Estelle, Pignouflet.

moins sur la conscience ! j'entends mes cheveux qui regrisonnent !

ESTELLE.

Tu as eu bien peur...

PIGNOUFLET.

Pour ma belle-mère ! Oh ! oui !!!

On frappe.

ESTELLE.

Qui vient-là ?

BAPTISTE, du dehors.

C'est moi, Baptiste, madame.

ESTELLE, à Pignouflet.

Faut-il lui ouvrir ?

PIGNOUFLET.

Certainement. (A part.) Je brûle de jouir de sa défaite.

Estelle va ouvrir, Baptiste entre, son tablier à la main.

SCÈNE XI

LES MÊMES, BAPTISTE *.

BAPTISTE, très-sérieux.

J'ai le regret d'annoncer à monsieur que désormais il aura à me parler comme à son égal.

ESTELLE et PIGNOUFLET.

Ah ! bah !

* Estelle, Baptiste, Pignouflet.

BAPTISTE.

Je jette mon tablier aux orties. Je satisfais ma vocation!

PIGNOUFLET, ESTELLE.

Tiens, tiens!

BAPTISTE.

Oui, monsieur, j'entre au chemin de fer comme aiguilleur de première (A part.) C'est le seul moyen d'hériter de mon oncle. (Sortant un papier bleu de sa poche.) Voici un télégramme qu'on vient d'apporter pour la belle-mère de monsieur.

ESTELLE.

Je vais le lui remettre.

PIGNOUFLET, le prenant.

C'est inutile j'en suis l'auteur.

ESTELLE.

Pas possible!

PIGNOUFLET.

Je t'expliquerai cela plus tard.

BAPTISTE, bas à Pignouflet.

Maintenant que je suis aiguilleur, si monsieur a du cœur, il me confiera sa belle-mère.

PIGNOUFLET, lui tirant l'oreille.

Monsieur Baptiste! vous finirez sur l'échafaud!

* Estelle, Pignouflet, Baptiste.

BAPTISTE.

Et vous, monsieur, peut-être sur la ligne où je vais être aiguilleur !

PIGNOUFLET, au public.

AIR : Chanson d'Adolphe. (2e acte Petit Faust.)

En interrogeant la salle,
J'ai le cœur bien palpitant
Je redoute une cabale
J'appréhende un accident !
Messieurs, pas trop d'invectives,
Pour ce déraill'ment d'esprit:
Comme des locomotives
N'allez pas siffler ici.

TOUS.

Comme des locomotives,
N'allez pas siffler ici.

Rideau

TROP FRANC

MONOLOGUE AFFRANCHI

DIT PAR M.

COQUELIN CADET

14

ACCESSOIRES

Une table, une lettre sous enveloppe sur la table.

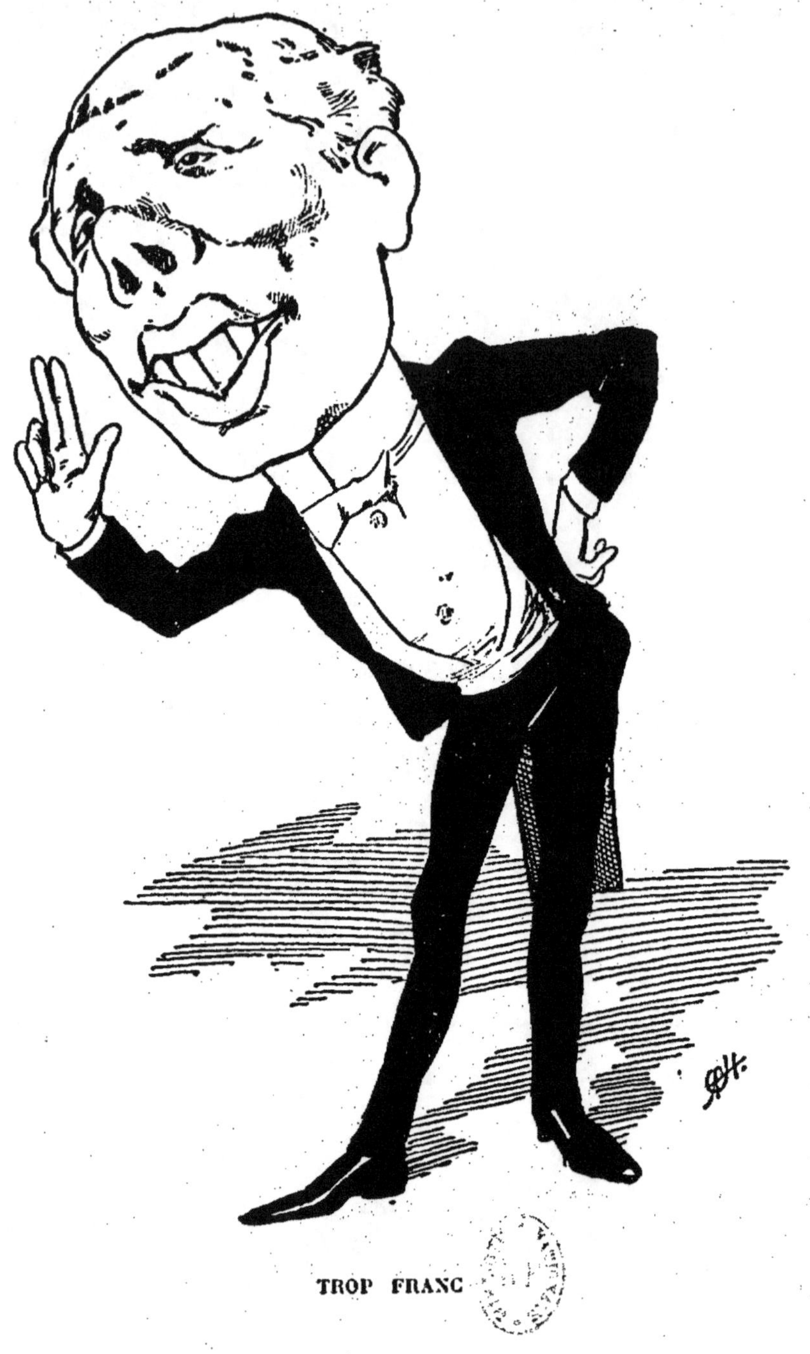

TROP FRANC

TROP FRANC

Il entre très surexcité et referme vivement la porte sur lui.

Non, mais, suis-je bête ! Non, mais, a-t-on idée d'une franchise pareille ! J'apprends, moi-même, à ma femme que je la trompe. Aussi quelle algarade ! Elle pleure en ce moment, à chaudes larmes... et de jalousie ! Moi ! je pleurerais de rage, je me flanquerais des calottes si je n'avais peur... de me donner une fluxion. Ainsi, voilà tout mon bonheur brisé, et pourquoi ? par excès de franchise!... Est-ce assez idiot! et l'on blâme les gens faux, hypocrites ! C'est-à-dire que je comprends à présent toute la sagesse du Tartufe qui a proféré ces mémorables paroles : « La langue a été donnée à l'homme pour déguiser sa pensée! »

Si je déguisais la mienne, de pensée, au lieu de l'étaler sans cesse toute nue, devant tout le monde, je n'aurais pas empoisonné mon existence. (Avec des larmes dans la voix.) Non, mais, comprenez-vous cet imbécile, — moi ! — qui ne peut pas avoir une pensée, une idée, une tentation, une séduction, une opinion, une intuition, une résolution, une illusion, une passion, sans en faire part au premier chien coiffé qu'il rencontre !... Mais le comble, c'est d'aller dire à sa femme si bonne, si gentille, si vertueuse : Tu sais, Lolotte, avec toi je n'en fais pas

14.

mystère...j'ai un numéro 2... qui... que...» Un peu plus, je crois que j'allais donner l'adresse de ma maîtresse à ma femme ! Quelle maladresse ! Raisonnons; on vient au monde menteur, voleur, gourmand, paillard ; eh bien, moi... j'ai trouvé dans le sein mercenaire de ma nourrice, dans ce que vous voudrez, une qualité qui est pire que tous les défauts : la franchise !!! Toutes vérités ne sont pas bonnes à dire — pas vrai ? Moi, je vous débite des vérités toutes crues et toutes salées... Tant pis si elles vous cinglent en plein visage, tant pis même si elles vous écorchent. Ne me racontez que ce que vous voulez perdre, et encore ! si vous vous avisez de me confier un secret... je vous plains ! Dans cinq minutes, il sera divulgué ; j'en aurai fait un secret de polichinelle !... J'aurais été un piètre courtisan — car on doit la vérité aux monarques; — n'empêche qu'on les fiche dedans du soir au matin — et souvent c'est dans leur intérêt ; — moi, ma franchise me brouillerait avec toutes les têtes couronnées du globe et elle me ferait pendre... puis guillotiner ensuite. Il est heureux que mon père ne m'ai pas embarqué dans la diplomatie. Je n'aurais jamais eu la patience de tourner sept fois ma langue dans ma bouche, avant de parler... Tenez, je me rappelle que j'étais déjà trop franc à l'âge où l'on ment... comme un quarteron d'arracheurs de dents. A la pension, je fourais des lézards et des hannetons dans le lit du pion... il s'en apercevait, il se levait furibond et s'écriait : « Je mets tout le dortoir en retenue, si celui qui m'a fait cette plaisanterie ne se nomme à l'instant ! » Eh bien, pas un de mes camarades ne me soupçonnait, j'étais sûr de l'impunité... et pourtant, impossible de retenir ma langue, je me dénonçais ! — et j'attrapais huit jours de retenue.

Trop franc ! trop franc ! — J'ai brouillé ma famille avec tout le monde... Un vieux parent ou une vieille parente venait à la maison, j'avais entendu dire à ma mère que l'un portait perruque et l'autre de fausses dents... à la prochaine visite je ne manquais pas de dire au vieux monsieur : « Je vous plains d'avoir de faux cheveux, » et la vieille parente devenait écarlate quand je lui demandais combien lui avait coûté son râtelier ?... Mon père en était arrivé à dire qu'il eût préféré que je vinsse au monde muet ! Je reçus de lui la plus belle paire de gifles qu'on puisse imaginer, un soir que nous revenions d'une campagne où il avait chassé. Papa qui avait tué un perdreau et un lapin, ne voulait pas les déclarer à l'octroi et il les avait cachés. L'employé lui adresse la demande consacrée : « Rien à déclarer ? » Non, répond vivement papa ; mais il avait compté sans ma franchise. Est-ce que je ne m'avise pas de dire à l'homme de l'octroi : « Papa vous dites ça pour rire ; Monsieur, il cache un perdreau dans son chapeau et un lièvre sous son paletôt ! » Bien plus fort, en revenant de Bruxelles, avec mon oncle, nous avions caché des cigares dans nos poches et du tabac dans nos chaussettes. A la frontière française, à Feignies, la douane nous reluque avec défiance. Moi, ça me froisse, je ricane avec ironie au nez de l'inspecteur ; lui, furieux, s'écrie : qu'on fouille ce jeune homme, et voilà que je me laisse pincer tous les cigares que j'avais dans mes poches ! Vous croyez peut-être que je m'en tins à cette confiscation suivie d'amende ? Vous ne me connaissez pas ; je retirai avec colère mes bottines, puis mes chaussettes, et mettant celles-ci sous le nez du douanier-chef, je lui dis en le narguant : « J'en ai aussi, moi, du tabac!!! » J'étais incorrigible !

J'ai perdu les plus belles places et me suis laissé souffler les meilleurs emplois, toujours parce que j'étais trop franc. Au lieu de faire des compliments à mes chefs, de les flatter, je leur expliquais nettement ma façon de penser qui était souvent blessante ; alors, ils me flanquaient dehors, me préférant, de beaucoup, l'escadron des vils flatteurs. Comme monsieur de Boileau, j'appelle un chat, un chat, et mon meilleur ami un fripon, quand il en est un !

Si j'ai été soldat, c'est bien de ma faute. J'avais tiré un

mauvais numéro, je passe au conseil de révision. — Archi-myope, mauvais pour le service! s'écrie le gros chirurgien-major. J'aurais dû bondir de joie; mais non, vous ne me connaissez pas. Je relève la tête avec arrogance et je réponds au major : — Myope, moi! quelle blague! J'y vois mieux que vous! On m'a réexaminé avec plus d'attention et j'ai fait mes cinq ans, de pantalon rouge.

Ah!... et mon mariage!.. je ne sais pas comment j'ai pu trouver une femme aussi parfaite que celle que j'ai. Naturellement, sa famille fit prendre des renseignements sur moi. Il me vint aux oreilles qu'on m'avait fait une réputation d'ange. J'en fus outré. Ma franchise se révolta. J'allai trouver mon beau-père et ma belle mère, et je leur révélai sur mon compte, tant au moral qu'au physique, un tas de choses qu'ils ignoraient, à savoir que j'avais porté jusqu'à 18 ans un appareil Leperdriel; qu'à 25, j'avais éprouvé un ramollissement, que j'avais trois dents fausses, quatre plombées, et un ongle incarné. Ma belle-mère, indignée, ne voulait plus de moi pour gendre; mais sa fille, tout au contraire, avait apprécié mon élan de franchise... elle m'aima... et c'est elle, ce lingot d'or vierge, que j'ai trompé comme un misérable et à qui j'ai eu la franchise d'avouer ma faute!

Comment réparer le mal? Payer d'aplomb? Dire que j'ai menti... à plaisir, pour mettre sa jalousie à l'épreuve? Elle ne me croira pas, elle me connaît trop. (Avisant une lettre sur la table et la décachetant.) Une lettre pour moi! (Après avoir lu, avec colère.) Trop franc! toujours! toujours! Voici ce que c'est : J'ai un ami très dangereusement malade en ce moment. J'ai demandé à son médecin s'il en reviendra; le docteur m'a révélé, sous le sceau du secret... professionnel, que mon pauvre ami est... f... perdu. J'aurais dû retenir ma langue, d'autant que j'avais juré au docteur... Eh bien non! Croyant que mon pauvre ami préférerait savoir à quoi s'en tenir sur sa guérison, je lui ai écrit que le docteur le considérait déjà comme un pensionnaire du Père-Lachaise, et il paraît que cette nouvelle l'a tellement frappé qu'il en est mort. Cette lettre est de sa veuve éplorée qui me maudit et me traite d'assassin !

Je vais être, sans doute, traduit en cour d'assise et condamné à mort ; oui, mais, comme j'avouerai mon crime avec franchise, je serai grâcié par le Président de la République, et, à vous parler franc, je préfère cela.

Vive la franchise !

LE PÈRE GUIGNOL

MONOLOGUE

DIT PAR

REYAR, à Paris, aux représentations enfantines de l'Hôtel Continental, de l'Hôtel du Louvre et aux Kermesses de charité des Tuileries.

ACCESSOIRES

Un petit pliant que le monologuiste porte sous son bras; un gros bâton lui sert de canne.

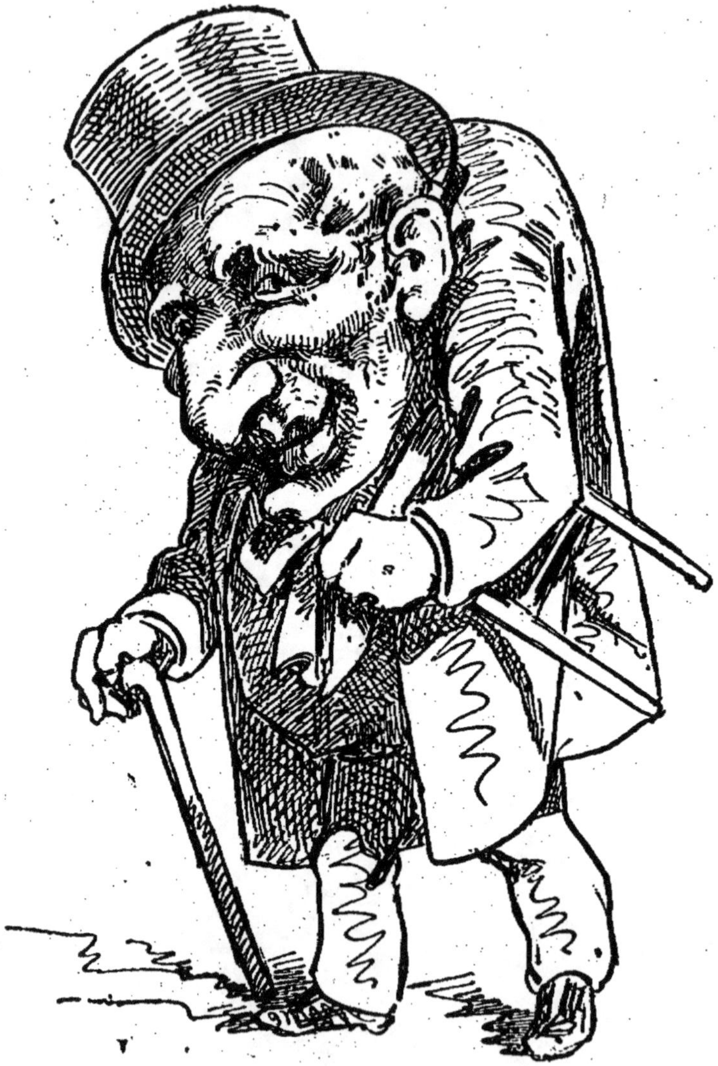

LE PERE GUIGNOL

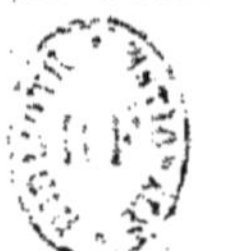

LE PÈRE GUIGNOL

Le père Guignol entre en tenant un pliant sous son bras et en s'appuyant sur une grosse canne. Il est bossu et a un nez de Polichinelle.

Vous n'avez pas vu le directeur, le régisseur ? Non, mais au fait, vous pouvez me renseigner tout de même. Est-ce commencé ? Non. Ah ! quel bonheur. Ah ! ce que je me suis dépêché.

Il développe sa canne-pliant et s'assied.

Ils voulaient me retenir au théâtre *Gringalet*. J'en sors : une première superbe ! Tout Paris, toute la haute critique : Auguste Vitu, La Pommeraye, Francisque Sarcey. Oh ! enchanté celui-là ! Il aime le spectacle qui finit de bonne heure, et à *Gringalet* les comédies d'Augier durent dix-sept minutes à peine.

Je les connais, moi, tous les Guignols, j'en suis un fanatique et quand on me voit passer, on dit : Tenez, ce bonhomme-là, c'est le *Père Guignol*.

Eh bien, oui, c'est mon théâtre de prédilection, d'abord parce qu'on y voit des enfants, et que j'en raffole des enfants... On ne se figure pas combien d'hommes graves et même de grands personnages vont en calamini écouter la comédie à Guignol. Tenez, une preuve ! l'autre jour un chef de division au Ministère de je ne sais quoi, arrive deux heures en retard à son bureau. Le ministre le fait mander dans son cabinet, et le tance vertement sur son inexactitude chronique.

— Enfin, lui dit-il, que faites-vous pour vous attarder ainsi ?

— Monsieur le ministre, répond le chef, je vais vous faire un aveu sincère ; je m'arrête tous les jours à Guignol.

— Vous mentez ! repart le ministre ; *je ne vous y ai jamais vu !*

N'est-ce pas charmant ? Si je vous disais qu'à la sortie de la Chambre, les bancs du Guignol, sont occupés par des députés qui viennent oublier là le Scrutin de liste et les interpellations de chose et de machin.

Tenez, aujourd'hui nous aurons un monde fou, et un succès qui nous vaudra peut-être un engagement pour cet hiver aux Folies-Bergère. Je connais la pièce qu'on va jouer. Le théâtre Guignol qui n'a pas de secrets pour moi, m'a admis aux répétitions. Vous allez voir par le petit bout de la lorgnette le grand succès du jour : *La mère Michel Strogoff*, parodie de *Michel Strogoff* jouée par une troupe... Ah ! Quelle troupe !!! et avec une mise en scène !!! ah ! mon petit Rochard, vous êtes dépassé de cent... décors ! *Marais*, *Marie Laurent*, *Paul Deshayes* et sa femme sortent de chez le premier menuisier de Paris... Un seul acteur est raté ; c'est celui qui joue l'Emir *Fait au lard*. Le directeur avait bien recommandé qu'on lui fabriquât un nez en trompette genre Lassouche, et on lui a fait une pomme de terre violette, comme le feu nez de Hyacinthe. M. Marais est très bien, un peu commun peut-être, mais le perruquier a obvié à tout ; il l'a coiffé à la Paulus. J'y songe, pourvu que l'ébéniste du coin ait consenti à raboter un peu les appas de la première danseuse qui ressemble à Madame Desclauzas.

Hier, on a dû faire une annonce pour Marie-Laurent. Pauvre femme ! Elle souffrait le *martyre* et pour cause. Elle était entrée en scène avec quatre clous à crochets... dans la tête !... Les artistes sont menés à la baguette...

et surtout au bâton... au théâtre Guignol. Les amendes pleuvent... il y a même un parapluie pour les recevoir. Malheur aux figurantes qui font de l'œil... de *verre*... aux avant-scènes de premier marronnier à droite, ou de premier acacia à gauche.

Par exemple il y a des procès.

Le directeur vient d'en soutenir un terrible avec son tourneur. La jambe droite de M. Paul Deshayes avait été mal tournée, le directeur voulait ne la payer que quatre francs cinquante, le tourneur en voulait six... Fort heureusement que le Directeur a prouvé au tribunal des... Champs-Elysées que M. Deshayes avait une crevasse sur le mollet gauche, ce à quoi l'avocat du tourneur a répondu : rien de plus juste. pour fabriquer les acteurs du Guignol nous prenons un bois qui joue... la comédie. Très-spirituels, les avocats !

Le régisseur du théâtre Guignol est une perle... il a été dans le temps chef d'accessoires chez Séraphin. Il faisait l'âne dans la coulisse pour douze sous par jour. Ceux qui le font aujourd'hui aux premières places coûtent bien plus cher...

(Air *du verre. — Clé du caveau*)

Le bois dont on fabrique mes acteurs
A mon public est un bois qui sait plaire.
Leurs voix, toujours charment les auditeurs
A leurs *voix d'bois* on ne dit pas de *s'taire*.
Ils peuvent tous assouplir leur talent
Ils n'ont jamais fait verser une larme
Mon gai public écoute en s'esclaffant
Il applaudit mon personnel charmant
Charmant puisqu'il est fait en charme
Rien de charmant comme le *charme* !

Bruit de cloche.

La cloche du régisseur ? on va commencer, pas avant pourtant que je ne vous ai fait part du béguin colossal, que j'ai pour l'ingénue de la troupe. C'est moi qui l'ai fait engager au théâtre Guignol et qui lui ai fait donner le rôle de Nadia dans *La Mère Michel Strogoff*. Dennery la trouvait un peu *nouée*, Jules Verne lui reprochait son *écorce* un peu *verte* mais quoi de plus naturel leur ai-je dit c'est un jeune *bois de rose* dans toute sa *sève* et d'une vertu! Elle aurait pu se faire mettre dans le *palissandre*. Mais! non, je connais sa famille. Son père, un vieux *chêne*, qui a du *bois de fer* dans les veines, l'aurait *noyée* de désespoir. Sa mère devinait bien ce qu'elle voulait *hêtre*, car un jour sous un *tilleul* comme on lui parlait de la vocation de sa fille elle dit ! *Ah! qu'a joue* la comédie si ça lui plaît; malgré cela elle pressentait *l'ébène* de cœur de l'artiste! Quand elle lui disait tu *peux plier*, ma petite mais ne te casse pas, tu es du bois *qu'empêche* de se briser. Sois pauvre, mais vertueuse, même dans la panne, pour qu'on ne me reproche pas la *pane à ma*.. fille, qu'on verrait marcher dans les *bois sandales* aux pieds. Tenez, si je n'étais marié, je l'épouserais cette jeune comédienne. Oui, mais je suis trop rassis, elle ferait bien vite pousser le *cornillier* sur mon front comme sur celui de son camarade *Dufrêne*. Le spectacle va être inédit aujourd'hui, Venez, vous verrez, ça sera drôlichon tout plein !

Il chante.

AIR : *si j'étais hirondelle. (chanson de café-concert (Ockolowich)*

On a trop médi sur le compte
De Polichinelle et je veux,
Que de tout ce que l'on raconte
Il ne reste rien de fâcheux.
Polichinelle est un brave homme,
En France, il a droit de cité,
Sous quelque forme qu'on le nomme.

Il est la force et la gaîté

Avec gestes de fantoches en tenant son bâton entre ses bras croisés comme Polichinelle.

Il n'est pas d'existence plus belle
Que cell' de Po
Que cell' de li } *bis.*
Cell' de Polichinelle

LES

TROIS MOUCHOIRS

SUITE DE SIGNAUX EN UN ACTE

Représentée pour la première fois à Marseille, sur le théâtre des Variétés

15.

PERSONNAGES

ANATOLE VENTADOUR, acteur, 20 ans........................	le même artiste
LA PORTEUSE DE PAINS......	
LE CONSPIRATEUR..........	
LE PORTEUR D'EAU..........	
CHICANDAR, propriétaire, 50 ans.	
BENJAMINE, grisette, 20 ans.....	

ACCESSOIRES

Une fontaine de cuisine, 2 sceaux; robe et voile de mariée sur une chaise, un carton contenant les habits de marié d'Anatole, un gros revolver chargé, une gibecière contenant un bocal qui porte l'inscription : Dynamite 1er choix, un panier de porteuse de pains avec plusieurs pains, une perruque rouge feu que Chicandar substitue à la sienne à la croisée, une lettre sous enveloppe, un mouchoir blanc, un mouchoir bleu, un mouchoir rouge, calotte à gland d'or pour Chicandar. Sur la cheminée pendule marquant midi, un flacon sensément plein d'un liquide rouge.

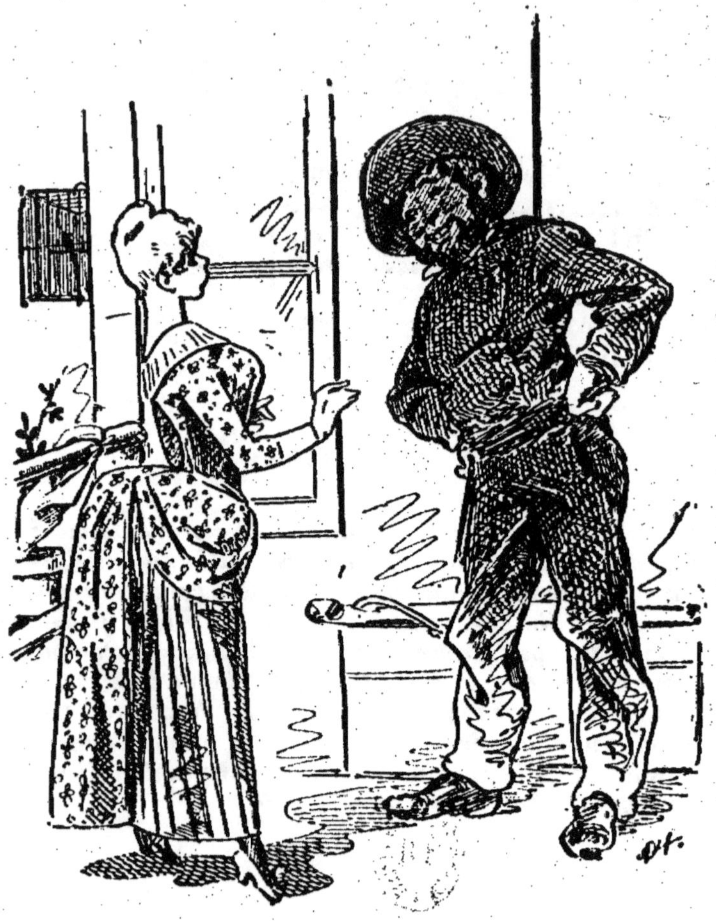

LES TROIS MOUCHOIRS

LES TROIS MOUCHOIRS

La scène représente une petite chambre. Fenêtre au fond donnant sur quelques toits. Porte à gauche, porte à droite. Cheminée avec glace, chaises, table. Sur une chaise, une robe et un voile de mariée. Au lever du rideau, Benjamine est devant la glace, elle place sur ses cheveux une couronne de fleurs d'oranger.

SCÈNE PREMIÈRE

BENJAMINE, seule.

Oh! mais ça me sied à ravir la fleur d'oranger, et demain lorsqu'avec la coiffure et le bouquet, je serai parée de la robe virginale, l'effet sera complet. (Avec un soupir.) Je serai Madame Berlingois pour la vie! Berlingois, Alfred, c'est mon cousin; mon oncle veut que je l'épouse parce qu il n'y a pas de bon mariage possible avec la misère dans le trousseau, et qu'il lui donne, à son neveu, 2500 francs pour m'épouser. J'ai consenti parce que monsieur Alfred est un beau garçon qui fait courir après lui bien des jeunes filles plus belles que moi, et que je serais bien aise de les supplanter; mais, au fond, il n'y en a qu'un que j'aime, un seul que j'aurais voulu pour mari; c'est Anatole Ventadour, un bon garçon qui a des trésors au cœur, mais pas cent francs d'économies dans la poche, vu les difficultés pécuniaires de son état; il est interprète en toutes langues à la gare de Sceaux. Le malheureux, je l'ai évincé cruellement en lui faisant croire que dans le désespoir de ne pas l'épouser je me retirais, en Suisse... à Fontainebleau, chez ma tante. Il m'a cruc, il est parti en me disant qu'il en mourrait! Alors j'ai changé de quartier et de petit nom. J'ai emménagé ici, rue Gît-le-Cœur, sous le nom de Benjamine, alors, que c'est Léocadie que je m'appelle. Pourvu que Anatole qui a du flair et de la malice ne m'ait pas suivie comme un policier. S'il venait faire un scandale public demain à l'heure de la cérémonie... brrrr, j'en ai le frisson d'avance. (Regardant à la pendule sur la cheminée.) Déjà midi!... comme le temps passe, avec la coquetterie. Voilà une heure que je suis occupée à essayer mes atours de mariée et j'ai oublié mon déjeuner. Heureusement que je n'ai pas mes six étages à descendre et à monter pour l'aller chercher, d'abord parce que ça rend poussif, de monter six étages, et ensuite parce que je n'ose pas trop me risquer dans la rue, où Anatole fait peut-être le guet. (*Sortant un mouchoir blanc de sa poche.*) Je vais me servir de mon petit ascenseur, à moi, pour faire monter mes fournisseurs. C'est une suite de signaux que j'ai vu mettre en pratique par un vieux bonhomme asthmatique qui ne pouvait plus quitter sa chambre. (*Attachant son mouchoir blanc à l'appui de la fenêtre.*) Quand le mouchoir blanc se met à flotter à l'appui de la fenêtre, le boulanger d'en face se dit : Tiens, mam'zelle Benjamine n'a plus de pain, et il m'en envoie par sa porteuse ; le mouchoir bleu annonce au charbonnier que je n'ai plus d'eau et il en monte ; le mouchoir jaune prévient le boucher, et ainsi de suite de la demi-douzaine de mouchoirs de couleurs.

Il n'y a que le mouchoir rouge que j'ai dû bannir de

mon sémaphore, depuis que l'on m'a dit que c'était le signal de ralliement d'une terrible bande de conspirateurs toqués...

On frappe à la porte de droite. Entre monsieur Chicandar, tenue de propriétaire avec calotte de velours à gland d'or.

SCÈNE II

BENJAMINE, CHICANDAR.

BENJAMINE, étonnée.

Monsieur le propriétaire!

CHICANDAR.

Lui-même, ma belle enfant, votre propriétaire qui est en tournée de réparations et qui vient vous demander, si votre cheminée fume, si votre fenêtre ferme, si votre plafond se crevasse.

BENJAMINE.

Tout est en très bon état chez moi, Monsieur, je vous remercie!

CHICANDAR, à part.

Mon concierge s'y connaît. Elle est fort gentille! (Haut.) ainsi vous n'avez besoin de rien?

BENJAMINE.

De rien pour le moment...

CHICANDAR, touchant le papier du mur.

Ce papier est de mauvais goût je vais vous le changer.

BENJAMINE.

Je vous assure que celui-ci me plaît bien.

CHICANDAR.

Non, non, il est indigne de vous. Abordons une autre question, mon enfant. Pour le terme prochain serez-vous en mesure de...

BENJAMINE.

De payer? Plus que jamais, Monsieur, car je me marie demain.

CHICANDAR.

Demain ! (A part.) Fichtre ! Je n'ai que le temps.

BENJAMINE.

Et mon mari possède 2500 francs.

CHICANDAR.

De rentes!

BENJAMINE.

Non, de capital.

CHICANDAR, lui prenant le menton.

Hé ! Vous êtes une roublarde, vous ma petite.

BENJAMINE.

Une roublarde, je ne connais pas cela, monsieur (A part.) Et cette porteuse de pain qui ne monte pas !... Elle ne voit donc pas le mouchoir.

Elle agite le mouchoir blanc qui est attaché à l'appui et se penche par la fenêtre.

CHICANDAR, qui ne voit pas ce manège, à part.

Je n'ai pas de chance, dans mes immeubles toutes les femmes se marient.

BENJAMINE, à la fenêtre pousse un cri de détresse et rentre.

Lui ? Anatole !!! En bas... Je l'ai reconnu.

CHICANDAR.

Qu'avez-vous ? Vous vous êtes blessée à la croisée ?

BENJAMINE.

Non, Monsieur, c'est une douleur... qui m'a prise subitement au cœur, (A part.) sans nul doute il me guette,il va monter ... je cours me réfugier chez ma voisine.

Visiblement inquiète, elle ouvre la porte de gauche.

CHICANDAR.

Vous vous en allez ? Vous me laissez là?

BENJAMINE.

Je reviens, monsieur, je reviens...

Elle sort vivement.

SCÈNE III

CHICANDAR, seul.

Sapristi, de Sapristinette? Mais c'est qu'elle m'échappe, et je comptais en lui changeant son papier, en lui faisant cadeau d'un demi-terme... (On frappe à la porte de droite.) Ah! sauvé! Elle revient! Elle se rend!... comme les autres, c'te bêtise.

D'un petit air triomphant il ouvre la porte de droite, entre la porteuse de pain avec un panier de pain sur le dos.

SCÈNE IV

CHICANDAR. LA PORTEUSE DE PAIN.

(*C'est Anatole qui a revêtu ce travestissement*).

LA PORTEUSE, sans voir Chicandar.

Bonjour mam'zelle, j'ai vu le mouchoir, v'là votre pain.

Elle retire de son panier un petit pain qu'elle dépose sur la table.

CHICANDAR.

La porteuse de pain ce n'est pas la même chose.

LA PORTEUSE.

Où donc qu'elle est ma petite cliente, monsieur?

CHICANDAR, de mauvaise humeur.

Elle est sortie, elle va revenir.

LA PORTEUSE, à part.

Quoi qu'il peut venir faire chez c'te jeunesse, ce vieux grigou calotté à gland d'or? Hum!... Je me méfie...

Il regarde Chicandar de travers.

CHICANDAR, impatienté.

Laissez son pain et allez-vous en!

LA PORTEUSE.

Oui, je le laisse... oh ! il est bien comme elle l'aime c'te petite ! farine de gruau première qualité, ni trop mou, ni trop ferme, ni trop en croûte, ni trop en mie ; croustillant et moelleux comme du pâté, enfin pour tout dire comme on chante dans l'*Estragon de Villars.* (Elle chante.) C'est moi qui l'a choisi !

CHICANDAR.

Payez-vous et partez.

Il lui donne un franc.

LA PORTEUSE, empochant l'argent, à part.

Comment v'là qu'il lui paye son pain à présent !... Y a du louche... il espère qu'elle lui donnera... de la brioche... mais je vais te surveiller, mon bonhomme...

CHICANDAR, en colère.

Allez-vous coucher ici ?

Il ouvre la porte de droite.

LA PORTEUSE.

Non, monsieur, aussi vrai que vous avez une calotte superbe.

Elle chante.

AIR : *de Saltarello*

Je vois chaqu'nuit l'patron qui s'livre
A l'art qui nous donne du pain
Car on ne pourrait longtemps vivre
Sans ta farine. O! blé divin!

On pourrait vivre sans musique,
On vivrait bien sans auteurs,
On vivrait bien sans politique
Et surtout sans les beaux parleur
Mais on en ne pourrait, quoiqu'on dise,
Se noureir d'aliment sans pain.
Et c'est pourquoi ma marchandise
Fait vivre tout le genre humain!

Pendant le couplet, Chicandar est reste à regarder par la croisée.

LA PORTEUSE, criant.

Je m'en vas, monsieur, je suis partie, z'évaporée! (A part.) Ça, une tête à calotte!... à gifles, je ne dis pas.

Elle sort.

SCÈNE V

CHICANDAR, seul.

Est-ce qu'elle ne va pas rentrer cette petite grisette? Je commence à croire qu'elle me fait poser... (Regardant le mouchoir qui flotte à la croisée.) Tiens, que fait ce mouchoir blanc à la croisée? (Il détache le mouchoir.) Il embaume l'eau de Cologne... elle l'a porté à son nez, je le porterai sur mon cœur! (Il met le mouchoir dans sa poche d'estomac et sort d'une autre poche un mouchoir rouge de priseur.) Je ne sais dans quel but elle avait attaché son mouchoir, mais n'importe, le mien fera tout comme. (Nouant son mouchoir rouge à la barre d'appui.) C'est un souvenir que je lui laisse en échange de celui que je lui prends... (Avec impatience.) Oh! mais, Oh! mais je m'impatiente! Si dans quatre minutes elle n'est pas de retour, je vais tâter le terrain chez sa voisine... une brune fort piquante, et peu sauvage à ce que m'a dit mon concierge.

A ce moment un carreau de la fenêtre vole en éclats. Un homme costumé en rouge, coiffé d'un vaste chapeau à la mousquetaire, et masqué, escalade la fenêtre. Il a un revolver à sa ceinture et porte une gibecière en bandoulière.

CHICANDAR, reculant stupéfait.

Qui vient là ?

SCÈNE VI

CHICANDAR, LE CONSPIRATEUR

LE CONSPIRATEUR, à califourchon sur la fenêtre braquant son revolver sur Chicandar.

Un mot, un seul, fût-ce le dernier de Rocambole, et tu es mort !

CHICANDAR.

Pardon, mais...

LE CONSPIRATEUR.

Encore une syllabe, et ta maison saute, regarde.

Il sort de sa gibecière un bocal sur lequel on lit en grosses lettres : Dynamite premier choix.

CHICANDAR.

Ce nihiliste, m'a annihilé !

LE CONSPIRATEUR.

Oui, tout va sauter, comme un simple plat de pommes de terre : les palais, les châteaux et les maisons...

CHICANDAR.

Les maisons aussi ! Ah ! Diable !

LE CONSPIRATEUR.

Oui, les maisons dont les propriétaires sont des coquins capables de tout, même de séduire de crédules et innocentes locataires...

CHICANDAR, à part.

Aïe ! il a du flair. (Haut.) vous me prenez pour un autre.

LE CONSPIRATEUR.

Non, non, la preuve c'est que je suis accouru à ton signal.

CHICANDAR.

Quel signal ?

LE CONSPIRATEUR.

Le mouchoir rouge, à tabac, à la fenêtre.

Il dénoue le mouchoir rouge qui est à la barre d'appui et le jette à Chicandar.

CHICANDAR, remettant le mouchoir dans sa poche.

Imprudent ! J'ai arboré par hasard un drapeau séditieux.

LE CONSPIRATEUR.

Je suis arrivé jusqu'à cette fenêtre de *toit à toit*.

CHICANDAR, à part.

Il me tutoie. (Haut.) Que voulez-vous, de l'or ? Voici le gland de ma calotte. (Il arrache le gland de sa calotte et le lui offre.)

LE CONSPIRATEUR.

Tu me prends pour un autre ! Je ne suis venu que pour te dire : Frère et ami, nous avons *l'œil*...

CHICANDAR.

Avoir crédit, tout est là aujourd'hui !

LE CONSPIRATEUR.

Mais non, nous avons l'œil... sur ta conduite. (Avec accents dramatiques.) Chicandar tu respecteras la jeune fille qui demeure à ce modeste sixième, Chicandar notre redoutable société te l'ordonne par ma voix...

CHICANDAR,

Bien ! (A part.) Que je suis bête d'en avoir peur ! son entrée avec escalade, son costume, c'est un *fou... de cheminée !*

LE CONSPIRATEUR, avisant la robe de Benjamine sur une chaise.

Que vois-je ? Un costume nuptial, virginal et matrimonial.

CHICANDAR.

N'y touchez pas, c'est celui de ma locataire, elle se marie demain.

LE CONSPIRATEUR

Ainsi tu l'avoues ; elle se marie demain, et tu voulais aujourd'hui la...

CHICANDAR.

Je vous jure que non... une simple réparation.... du papier neuf...

LE CONSPIRATEUR, menaçant.

Je vais t'en donner moi, du papier neuf. Tiens.

Il tire plusieurs coups de revolver en l'air Chicandar va se fourrer sous la table. Le conspirateur emporte le costume de Benjamine et enjambe la fenêtre en ricanant.

CHICANDAR.

Ah ! Le filou ! Il emporte la toilette nuptiale ! (Courant à la fenêtre.) Voulez-vous rendre ça bien vite.

LE CONSPIRATEUR, le revolver au poing.

Essaye donc de me la reprendre.

Lutte sur le rebord de la croisée. Chicandar se cramponne à une jambe du conspirateur. Celui-ci sort un flacon de sa gibecière et le déverse sur Chicandar.

CHICANDAR, lâchant le conspirateur qui disparaît et portant les mains à ses cheveux avec effroi.

La tête me brûle ! Le bandit, il m'a vitriolé !...(Ses cheveux sont devenus d'un rouge écarlate, il crie.) De l'eau ! de l'eau !

A ce moment Benjamine rentre par la porte de gauche.

SCÈNE VII

CHICANDAR, BENJAMINE.

BENJAMINE.

Comment, encore chez moi monsieur ?

CHICANDAR, tenant toujours ses cheveux et les frottant avec son mouchoir.

Fort heureusement mademoiselle, car si je ne m'y étais pas trouvé, c'est sur vous qu'un misérable bandit, entré par cette fenêtre se fût livré aux plus criminelles voies de faits.

BENJAMINE, cherchant partout.

Ma robe, mon voile, ma fleur d'oranger, où sont-ils ?

CHICANDAR.

Emportés !

BENJAMINE.

Par qui ?

CHICANDAR.

Par lui, par le picratiste, dynamiste, escaladiste, socia-lisse !

BENJAMINE.

Et vous lui avez laissé commettre ce vol sous vos yeux monsieur, c'est indigne !...

Elle pleure.

CHICANDAR.

Je me suis battu comme un lion, au contraire, j'ai bravé son revolver et le liquide qu'il m'a jeté au visage.

BENJAMINE, riant.

Du vitriol jamais de la vie ! C'est du siccatif.

CHICANDAR.

De sicca quoi ?

BENJAMINE.

Voyez vos cheveux, ils sont devenus d'un rouge homard.

CHICANDAR, se regardant dans la glace.

Ah ! Le coquin, pourvu que cette couleur s'en aille avec de l'eau.

BENJAMINE.

Justement il n'y en a plus une goutte dans ma fontaine, mais rassurez-vous je vais en faire monter. (Attachant

16

un mouchoir bleu à l'appui de la fenêtre.) Le mouchoir bleu à la fenêtre et dans un instant le porteur d'eau est ici!

CHICANDAR.

Et quand vous arborez le mouchoir blanc?

BENJAMINE.

C'est pour faire monter la porteuse de pain. Est-ce qu'elle est venue?

CHICANDAR.

Oui, c'est moi qui l'ai reçue. Ni trop mou, ni trop dur... mais croustillant! Et le mouchoir rouge?

BENJAMINE.

Je n'en mets jamais à la fenêtre... c'est un signal révolutionnaire qui ferait monter le diable.

CHICANDAR.

Justement il sort d'ici. Je comprends cela!

On frappe à la porte de droite.

CHICANDAR, à part.

Elle est adorable et je vais me déclarer illico.

BENJAMINE, en allant ouvrir la porte.

Maintenant je ne suis que trop certaine de la présence d'Anatole dans notre quartier.

Elle ouvre la porte. Le porteur d'eau entre avec deux seaux pleins.

SCÈNE VIII

CHICANDAR, BENJAMINE, LE PORTEUR D'EAU.

LE PORTEUR D'EAU, à Benjamine.

J'ai vu le mouchoir bleu et j'ai tout de chuite rempli mes cheaux. Ous que je vas les vida ?

BENJAMINE.

Dans la fontaine.

LE PORTEUR D'EAU.

Oui, mademoigelle. (Montrant Chicandar et riant.) Il a des cheveux d'une drôle de couleur ce Monchieur.

CHICANDAR.

Remplissez la fontaine et allez-vous-en.

LE PORTEUR D'EAU, après avoir vidé les seaux.

Oui, Monchieur, elle est pleine et chi elle fait des petits j'en retiens jun.

CHICANDAR, le payant.

Tenez voilà dix fois le prix, de votre *voie* pour payer votre silence.

LE PORTEUR D'EAU, s'asseyant.

Merchi bien !

CHICANDAR.

Comment il s'assied.

LE PORTEUR D'EAU.

Je vous demande la permichion de reprendre respirachion ; je chuis tout en chueur ; de la bonne, de la chueur du peuple. Tenez ! Fouchtra. Elle dégoutte de mon front dans mes cheaux.

Il s'essuie le front avec sa manche.

BENJAMINE.

Et après ils appellent ça de l'eau... saine !

CHICANDAR.

Oh ! mais il m'agace cet auverpin. (Avec colère.) allons ! ramassez vos seaux et sortez.

Il veut lui donner ses seaux.

LE PORTEUR D'EAU, envoyant un coup de poing à Chicandar.

Ah ! Vous chavez vous ! Je vous défends de toucher à mes cheaux, ils sont chacrés, mes cheaux. (A Benjamine.) Un mot mam'gelle, ch'est-y vrai que vous vous mariez demain.

BENJAMINE.

Certainement.

LE PORTEUR D'EAU, tristement.

Demain ! Chi tôt !

CHICANDAR.

Mais ! Est-ce que ça le regarde ? (Au porteur d'eau.) Mêlez-vous donc de ce qui vous regarde.

LE PORTEUR D'EAU.

Vous, je vas vous fendre en quatre morcheaux, comme une bûche. (A Benjamine.) Ch'est que voyez-vous, mam'gelle je ne chais plus che que je fais depuis que je chais que vous vous mariez.

BENJAMINE.

Ah ! mais c'est une déclaration !

CHICANDAR, allant à la fenêtre.

Je vais appeler le concierge.

BENJAMINE, le retenant.

Laissez donc se déclarer ce brave charabia.

LE PORTEUR D'EAU.

Il chante.

AIR : *les anguilles et les jeunes filles*

Vous connaîtrez che que je vaux.
Belle et chuave jeune fille.
Vous partagerez mes travaux
Les coterets cha s'fai par mille.
Las bûches ne seront qu'un jeu
Pourvu que mon amour vous plaise
Chargez-vous d'allumer le feu. } *bis*
Nous récolterons de la braise.

CHICANDAR.

C'en est trop je vais le flanquer par la fenêtre.

LE PORTEUR D'EAU, secouant Chicandar.

Répète un peu pour voir che que tu viens de dire vieille canaille !

BENJAMINE.

Porteur d'eau, laissez Monsieur, c'est le propriétaire !

LE PORTEUR D'EAU.

Quand même che cherait le grand turc, je lui ferais

dancher une bourrée de première clâche et chans mujette encore.

CHICANDAR.

Mademoiselle, il va me démolir ... appelez le concierge.

LE PORTEUR.

Va le chercher toi-même ton conchierge, mais ne chors pas chans ton chapeau ou tu vas abima tes jolis cheveux fouchtra !

En sortant il le coiffe d'un de ses seaux et le pousse violemment dehors, on entend à la cantonnade une dispute violente et une dégringolade dans l'escalier.

BENJAMINE, avec effroi.

L'auvergnat l'a fait rouler jusqu'au bas de l'escalier.

Elle tombe anéantie sur une chaise.

LE PORTEUR D'EAU, rentrant.

Cha y est mam'gelle, il est arrivé en bas... chur le dos.. (Voyant Benjamine évanouie.) Comment elle tombe en chyncope.

Il va puiser de l'eau à la fontaine, dans ses mains et en asperge Benjamine.

SCÈNE IX

BENJAMINE, LE PORTEUR D'EAU.

BENJAMINE, les yeux fermés.

Anatole !! Anatole !!!

LE PORTEUR D'EAU.

Anatole dites-vous. J'ai justement à vous demander chi vous n'avez pas june commichion ja faire faire pour lui...

BENJAMINE, revenant à elle.

Vous connaissez Anatole ?

LE PORTEUR D'EAU.

Ch'est un client z'a moi, qui, apprenant que vous jalliez vous marier, m'a commandé quatre boicheaux de charbon pour che chuichider.

BENJAMINE, se levant terrifiée.

Il s'est suicidé pour moi !

LE PORTEUR D'EAU.

Pas jencore mais cha ne va pas tarder, chi je lui livre le charbon.

BENJAMINE.

Gardez votre charbon je vous l'ordonne !

LE PORTEUR D'EAU.

Je ne vous dis pas, mais chi je ne vends pas mon charbon, je ne fais pas de commerche, fouchtra !

BENJAMINE.

Ce cher Anatole ! Je me doutais bien qu'il savait tout.

LE PORTEUR D'EAU, à part.

Pourvu que le concierge monte le paquet et la lettre .(On frappe à la porte de droite.) Bravo chest lui.

Il va ouvrir, et prend une lettre et un carton qu'on lui tend dans la coulisse.

LE PORTEUR D'EAU.

C'est pien ! Merchi !

Il referme la porte et présente la lettre à Benjamine, tout en dissimulant le carton derrière son dos.

BENJAMINE, ouvrant fièvreusement la lettre.

L'écriture d'Alfred. (Lisant.) « Mademoiselle renoncez à devenir ma femme, je sais que vous en aimez un autre, et j'ai moi-même depuis longtemps fiancé mon cœur à celui d'une autre femme. » (Déchirant la lettre avec joie). Quel bonheur ! Et j'osais le préférer à ce bon Anatole qui a tant de cœur, tant de...

Elle retombe évanouie sur une chaise.

LE PORTEUR D'EAU.

Encore une chyncope, mais chelle-là, ch'est de joie et cha me plaît. (Il ouvre le carton en retire d'abord le costume nuptial de Benjamine qu'il dépose sur une chaise.) Cha ch'est l'uniforme nupechial que le conchpirateur m'a rechtitué. (Puis du même carton retirant un habit noir, un gilet blanc, et une cravate blanche.) cha ch'est le mien de cochetume.

Il se grime et endosse l'habit et le gilet en tournant le dos au public.

BENJAMINE, déclame les yeux fermés.

Pauvre Anatole, ah! tu dois me maudire
Mais je te jure que mon pauvre cœur
Par le tien seul sut se laisser séduire
Et que sans toi, l'amour est un malheur.

(Revenant à elle.) Le porteur d'eau est parti ?

LE PORTEUR D'EAU, en tenue de marié mais la figure encore noircie.

Non pas, préjent le porteur d'eau !

BENJAMINE, riant.

Ah ! Quelle tenue ! quelle métamorphose !

LE PORTEUR D'EAU.

Ch'est rien encore mamgelle regardez bien ma figure quand elle va être nettoya fouchtra !

Il va à la fontaine et se lave le visa ge.

BENJAMINE.

Comment vous vous débarbouillez dans ma fontaine.

LE PORTEUR D'EAU.

Cha ne fait rien, le filtre purifie tout.

Il se retourne il a la figure propre et chante sur l'air de la chanson de l'amant d'Amanda.

R'connaissez c'beau garçon là !
Ce n'est plus un gros auvergnat !

BENJAMINE, stupéfaite

Anatole !!!

LE PORTEUR D'EAU.

Lui même, ma chérie !

Il lui couvre les mains de baisers.

BENJAMINE.

Dites-moi que je rêve ! Comment se fait-il ?

LE PORTEUR D'EAU, allant à la fenêtre et montrant le mouchoir attaché.

Interrogez vos trois mouchoirs ils vous répondront.

BENJAMINE.

La porteuse de pain... le porteur d'eau...

LE PORTEUR D'EAU.

Et le conspirateur masqué qui vous a débarrassée des obsessions de votre propriétaire, c'était moi !

CHICANDAR, à la cantonnade.

Ouvrez, ouvrez mademoiselle !

LE PORTEUR D'EAU.

Le propriétaire !... Ah ! je ne sais ce qui me retient...

BENJAMINE.

Ouvrez je vous en prie, avec vous je ne crains plus rien.

SCÈNE X

BENJAMINE, LE PORTEUR D'EAU, CHICANDAR.

CHICANDAR, en entrant.

Ah ! Le gueux ! Il m'a brisé deux côtes... (A Benjamine.) Où est-il ? Vous l'avez fait fuir.

BENJAMINE, s'efforçant de ne pas rire.

Fuir, un brave comme lui, allons donc, il est sous vos yeux.

CHICANDAR.

Où ça ?

Il regarde sous la table.

LE PORTEUR D'EAU.

Pas par terre, imbécile ; à votre hauteur fouchtra de bougra !

CHICANDAR, restant ébahi devant le porteur d'eau.

Hein !... quoi... que signifie ?

BENJAMINE.

Cela signifie que j'épouse mon porteur d'eau et que je vous donne congé de ce logement.

CHICANDAR, avec rage.

Comme ça tombe mademoiselle, je venais justement vous dire que je vous augmente de 200 francs,

LE PORTEUR D'EAU, à part, à Chicandar avec colère.

Vous ferez des réparations à une autre, vieux faune déplumé.

CHICANDAR, à part.

Je n'y comprends rien. Ce porteur d'eau qui se change en marié et qui épouse ma locataire je vais prévenir la police... de Clermont Ferrand !

Il sort vivement.

SCÈNE XI

BENJAMINE, LE PORTEUR D'EAU.

LE PORTEUR D'EAU.

Bon débarras ! (Enlaçant tendrement Benjamine.) Désormais, plus besoin de mouchoirs à la fenêtre, j'ai de bonnes jambes auxquelles six étages ne font pas peur.

BENJAMINE.

A moins pourtant qu'il ne faille un signal pour dire au bonheur de monter !...

LE PORTEUR D'EAU.

Stratagème inutile, maintenant qu'il s'est installé ici il ne voudra plus descendre. (Il lui embrasse la main).

Rideau.

LOCATAIRE TRANQUILLE

MONOLOGUE

DIT PAR

M. DAUBRAY

ACCESSOIRES

2 grosses buches, un broc d'eau, pelles et pincettes de cheminée; bruits de coulisse : grosse caisse, trompette, cor de chasse, ou tout autre instrument discordant ou assourdissant.

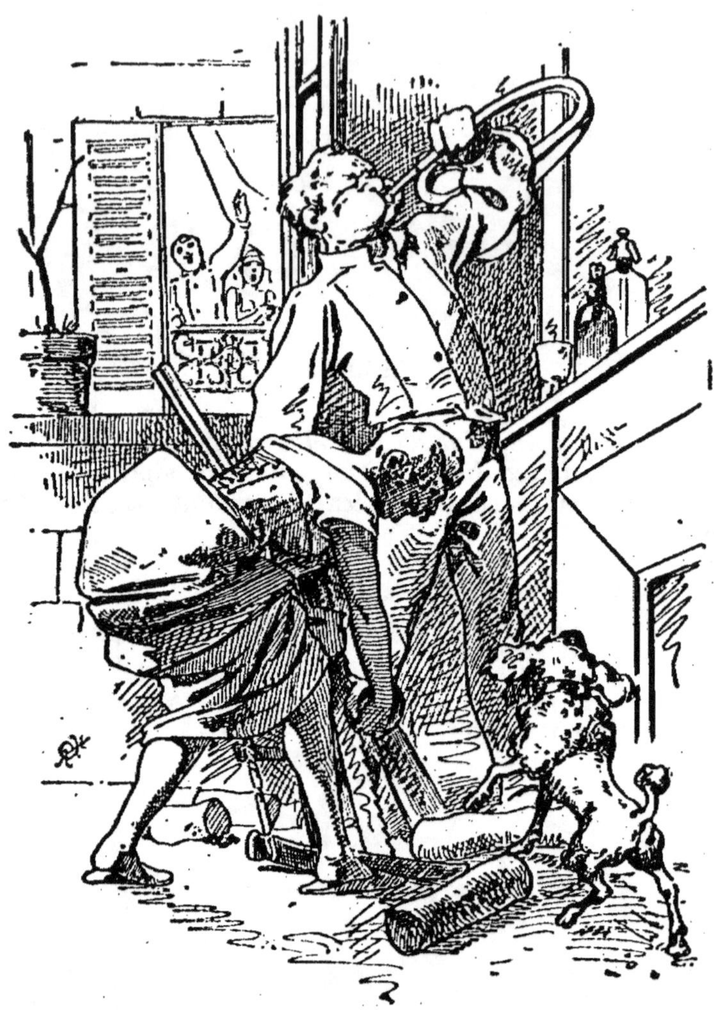

LOCATAIRE TRANQUILLE

LOCATAIRE TRANQUILLE

A Monsieur Henri D.....

Il est assis dans son fauteuil près de sa cheminée une lampe allumée est sur une table. Il tient un livre ou un journal à la main et lit, (Bruit de piano) il se redresse sur son fauteuil avec colère.

L'entendez-vous ce piano infernal ? C'est en dessous qu'ils tapent sur cet instrument de torture pour se faire danser. Ils ont donné un bal toute la nuit, ces mangeurs de perroquets. Oh ! les Brésiliens dans les maisons tranquilles ! quelle plaie !... ils ne travaillent pas, mais dansent comme des nègres... la bamboula... Je vous en flanquerai moi des bamboulas !...

Il prend une énorme bûche dans le coffre à bois et la jette en l'air avec force pour qu'elle retombe sur le parquet avec fracas. On entend un chien hurler à la mort. Regardant le plancher avec colère puis menaçant du poing le plafond.

Allons ! bon, le dogue du dessus qui hurle à la mort, parce que ses maîtres sont absents, et pas moyen de lui flanquer une boulette... oh ! pas de papier mâché, mais soigneusement roulée dans l'arsenic avec une petite pointe de strychnine... Et quand je pense que mon propriétaire qui est en même temps mon ami, M. Rastignac, avec qui j'ai passé un bail à vie, afin de laisser mes os dans son immeuble, m'avait promis le calme et la tranquillité si nécessaires à mes nerfs toujours tendus et vibrant au moindre choc comme les cordes d'une harpe éolienne. C'est du guignon ! Etre ainsi tourmenté à mon âge. (On entend le piano jouer plus fort. — Avec furie courant aux pincettes.) Ce Pleyel qui redouble ses doubles, ses triples et ses quadruples cloches (Se reprenant avec rage.) croches ! croches ! Et pas moyen de les atteindre avec cette arme à travers le plancher. (Il tape avec les pincettes sur le parquet.)

Je suis allé consulter mon avoué Me Sigard pour le prier d'exercer des poursuites contre les Brésiliens que j'ai sous mes cors. L'homme de loi m'a répondu que tout citoyen a le droit de donner un bal chez lui tous les soirs, si ça lui plaît, et que le voisin n'a pas le droit de jouer à la bûche sur la tête des danseurs pour leur imposer silence Je suis rentré navré, mais non convaincu, et fort de cette idée antique que la vengeance est un plaisir des dieux. (Le piano s'entend de plus belle. Il se lève.) Ah ! quelle idée ! (Il va prendre dans un coin un broc d'eau et avec un rire méphistophélique:) A moi le génie de Méphisto ! Leur lit est juste en dessous quand ils seront bien las de gigotter et de se trémousser comme des portefaix, ils se coucheront pour goûter le repos et les douceurs du sommeil, et alors, au lieu d'entrer dans leur lit habituel, grâce à cette eau que je vais faire filtrer à travers le parquet, ils se coucheront dans le lit de la Seine et avec un parapluie à la main.

Il sort avec le broc et revient aussitôt en ricanant.

Ouf ! ce bain froid qu'ils vont prendre m'a fait du bien ; mais impossible de dormir, ma nuit est fichue. Si j'écrivais à Rastignac. (Il s'assied à son bureau.) paur l'inonder lui aussi, mais d'injures et lui dire que je résilie mon bail. (Il commence à écrire. Bruit de grosse caisse ou de tambour. Il tressaute sur sa chaise.) La grosse caisse à présent ; pourquoi pas le canon, comme aux Invalides ? Ah ! les misérables. (Il arpente la chambre en trépignant.) Si je réveillais ma bonne et ma gouvernante ? C'est une idée. A l'une je pourrais faire scier du bois, et faire souffler l'autre dans le cor de chasse que j'ai quelque part.... dans un placard; moi avec mes pincettes je dirigerai le concert en jouant la *Marche turque* de Mozart sur un chaudron.

Grincant des dents.

Et si ça ne suffit pas, nous allons mettre de gros sabots et nous danserons la bourrée sur leurs têtes exécrées !

Il marche bruyamment comme s'il avait des sabots — silence momentané.) — Ah ! je leur ai imposé silence à ces rastaquouères. — (Après une pause) par bonheur, je n'habite pas l'hiver ici, je vais à Nice, pays du soleil, disent les Guides Joanne et ces farceurs de journalistes Il est vrai que si je n'y ai pas toujours du soleil mais presque constamment de la pluie et du mistral, j'y suis du moins tranquille et assez bien portant. Or, il y a quinze jours j'étais encore dans le chef-lieu des Alpes-Maritimes avec ma maison civile et militaire, autrement dit avec ma bonne et ma gouvernante, et j'y serais encore sans cet abominable tremblement de terre dont j'ai été une des victimes, n'ayant eu que le temps d'aller au chemin de fer sans avoir celui de passer mon pantalon. Quelle commotion ! Ma bonne en est malade depuis, et tremble tellement qu'elle fait tourner toutes ses sauces. —(Avec force.) Eh bien ! je préfère les terreurs d'un tremblement de terre à la vie infernale que me crée le voisinage de ces bruyants locataires du dessous, du dessus et de chaque côté. Je vais reprendre mon épître à Rastignac. Tant pis pour les voisins si pour me faire plaisir il leur donne congé à tous, je resterai tout seul, tout seul, comme le masque de fer, jadis à la Bastille ! Tiens ! tiens ! mais je me sens dans tous les membres un élasticité de bonne augure c'est surprenant. — (Il fait mouvoir ses bras et ses jambes.) Ah ! j'y suis, je la dois à la gymnastique hygiénique que je viens de faire tout à l'heure qui a eu une heureuse influence sur mon système ; je vais recommander ce remède anti-rhumatismal à la Faculté. Oui, mais malheureusement il n'y a pas de rastaquouères, de Brésiliens, de pianos, et de chiens qui hurlent dans toutes les maisons. —

(Ecoutant :) Quel silence ! Ils dorment sans doute comme Venise dans le *Lido* que je leur ait fait ; pauvres gens, je regrette mon mouvement d'humeur; c'est égal je suis bien plus ingambe qu'avant d'avoir manipulé des bûches. Mon Dieu ! mon Dieu ! mon Dieu ! s'ils n'allaient plus tapoter sur leur piano, ne plus donner de bals, ils n'y pensent pas ! quitte à les payer je leur enverrai des violons pour les faire danser. — (Il reprend sur son bureau la lettre commencée et la déchirant :) Allons, décidément je finirai mon bail à vie, dans la maison de Rastignac.

L'ÉLÈVE EN PHARMACIE

MONOLOGUE

DIT PAR

M. BARON

ACCESSOIRES

Un bocal portant l'inscription : Sangsues neuves ; *un bocal verdâtre non transparent avec l'inscription :* Naissances; *calotte, tablier de laboratoire de chimie.*

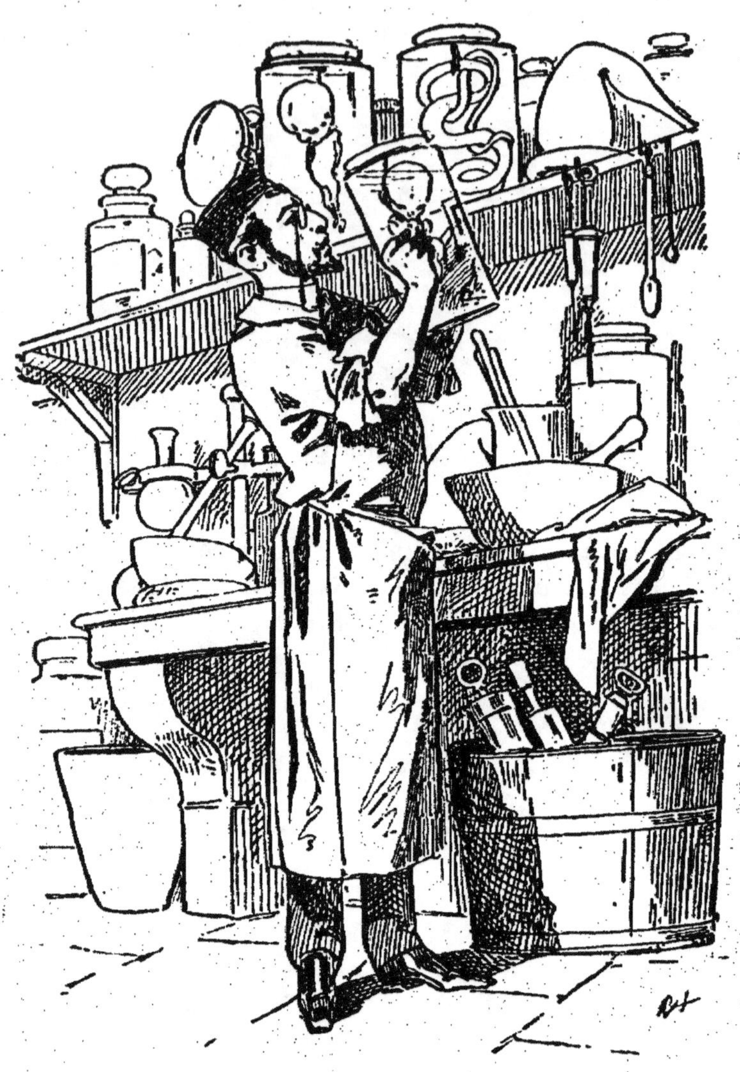

L'ÉLÈVE EN PHARMACIE

L'ÉLÈVE EN PHARMACIE

Il entre en tenue d'élève de laboratoire, c'est-à-dire avec un tablier d'interne par dessus son paletot, une calotte sur la tête. Il tient sous un bras un bocal verdâtre portant l'inscription : *Sangsues neuves* et sous l'autre bras un autre bocal ayant pour inscription : *Naissances.*

(Examinant le bocal blanc.) Pauvre petit raté! Le voilà dans l'esprit de vin... c'est dommage! Peut-être eût-il été un grand citoyen! Qui sait?... un député de la gauche! (Déposant le bocal sur une table et s'asseyant avec lassitude.) Je ne suis pas dans mon bocal ordinaire, le patron m'a fait faire des analyses toute la matinée et je suis saturé d'ammoniaque. (Il éternue.) Je n'en aurais pas respiré davantage sur une matière chère à Zola. Ah! j'en ai assez du laboratoire, des vésicatoires, des exutoires, des suppositoires, et autres accessoires dont tire gloire la Faculté dans ses grimoires. Décidément, je suis une vocation contrariée; la pharmacie n'est pas ce que j'aime, ni la fille à Nicolas non plus. Ce que j'aime c'est la poésie! J'avais espéré qu'à la mort de Victor Hugo il y aurait une place pour moi au Mont-Parnasse... Oui! j'étais né pour triturer des alexandrins et non pour auner des vers solitaires, qu'on ne peut pas couper à l'hémistiche et dont la rime intestinale me dégoûte.

J'en ai assez des sirops, des lochs, des extraits, des teintures, des poudres, des sels, de l'oxigène, de l'hydrogène, des corps composés et des corps simples des limonades purgatives, des pilules que le patron dore si bien à ses clients, des sinapismes qui n'ont rien de Rigolo, des cataplasmes, des emplâtres, des onguents et des mouches... cantharides, qui font tant de tort à la morale publique. (*Se levant.*) Quel chiendent que notre partie ! elle est cent fois plus amère que la chicorée sauvage que le patron me fait manger en salade quand il n'a pu la vendre à ses clients. Les blessures faites chaque jour à mon amour-propre lyrique sont des plaies saignantes sur lesquelles il ne m'est permis de verser que le baume tranquille qui me met en fureur. La pharmacie en boutique c'est l'enfer ! Si Lucrèce Borgia, La Voisin, La Brinvilliers et le pharmacien Moreau me voyaient au milieu des poisons que je manipule au nom de la santé publique, ils s'estimeraient vraiment de piètres empoisonneurs. Faut voir toutes les femmes monomanes venir me supplier de leur donner de la morphine pour, disent elles, calmer leurs souffrances, mais, en réalité pour piquer de plus belle leur sensibilité, blasée. Oh ! la névrose ! Oh ! les névropathes ! Oh ! les malades ! quelle engeance ! L'un deux a failli m'envoyer à l'échafaud. C'était un soir que j'avais de la poésie et de la teinture de pavots plein le cerveau... Je voyais trouble !...

Un client me demande de l'iodure et qu'est-ce que je lui donne à la place ? du cyanure de potassium comme à un simple photographe. Dame ! on se tromperait à moins ; il y a tant de drogues et de produits qui se ressemblent. Et puis, malheur à l'élève en pharmacie qui a le cœur sensible ! En effet, la porte de la boutique s'ouvrant à toute heure du jour et de la nuit, il ne voit que des épileptiques, des cataleptiques, des hydropiques, des phtisiques, des diabétiques et toute la clique de la clinique. Il y a aussi les maçons, les couvreurs, les fumistes et les poseurs de paratonnerres, qui s'écrabouillent sur le pavé et qu'il faut raccommoder tant bien que mal. Et les chiens écrasés, car on n'a pas toujours un vétérinaire sous la patte ; et les gens enragés qu'il faut museler d'abord, puis conduire chez Pasteur. Tenez, l'autre jour, un ondeur de chiens s'est fait mordre par un de ses clients et en se débattant, il a mordu au bas du dos la fille de sa concierge, qu'il a fallu cautériser au fer rouge. Eh bien ! j'ai failli me trouver encore plus mal à l'odeur de la chair grillée. Et les sangsues ! en voilà des animaux que je ne recommande pas à la Société protectrice.

La sangsue de Hongrie surtout, c'est la reine des sangsues pour les apoplectiques. Le patron, qui adore les comparaisons, appelle cette bête visqueuse la lancette de la création, un bistouri vivant!

Vous ne savez pas comment c'est fait, vous n'en avez jamais regardé au microscope ?

C'est horrible ! la sangsue a vingt-deux estomacs et trois mâchoires avec une scie dans la bouche. Le corps sombre, mou, gluant, composé de quatre-vingt-dix anneaux, est étranglé à ses extrémités que terminent deux ventouses, l'une en bec de flûte, l'autre en forme de soupape.

Vous guillotinez la sangsue en petits morceaux et elle vit encore. Il n'y a que le sel qui lui fait lâcher sa victime. Aussi, a-t-on bien raison parfois d'appeler sangsues un tas de gens et un tas de choses, comme, par exemple, les usuriers, les créanciers, les horizontales, le budget et les impôts !

Si je vous énumérais tous les produits de la pharmacopée moderne il faudrait vous parler pendant quinze jours et quinze nuits sans prendre le temps même de renouveler ma salive. Les spécialités ont créé un million de médicaments afférents à chaque maladie ; il s'en suit que si cela continue, les pharmaciens devront avoir bientôt des boutiques grandes comme le Champ de Mars. Je propose à cet effet l'esplanade des Invalides ; c'est là qu'on en mettrait des pastilles au goudron sans goudron, des vins de quinquina sans quinquina, des élixirs abracadabrants et des purgatifs à boire comme du champagne ; des tisanes en poudre, des jambes de bois pour cautères, de l'huile de cotterets et de la graisse de punaise pour les ruraux fraîchement débarqués !!!

Je voudrais voir parmi nous le célèbre Diafoirus de

Molière avec son instrument vieux jeu. Saurait-il jamais se servir de l'irrigateur moderne, de cette invention extra-humanitaire et que les prussiens, voudraient bien s'attribuer et pour cause !

Il est loin le temps où l'on nous appelait apothicaires à cause de nos comptes qui sont restés du reste... des comptes d'apothicaire.

Ça n'empêche pas d'avoir le petit mot pour rire, suivant en cela le conseil de Rabelais, qui était fils d'un apothicaire de Chinon et que personne n'a le droit d'échiner.

Dans tous les métiers, on peut pendant sept ou huit heures de nuit se livrer aux douceurs du sommeil, mais le pharmacien qui vend des narcotiques pour endormir les autres, ne peut pas, lui, dormir tout son saoul. Le service de nuit l'oblige à les passer blanches, ses nuits ! Le premier venu a le droit de tirer sa sonnette pour les raisons les plus futiles et sans qu'il puisse se plaindre, ce pauvre martyr. La semaine dernière un loustic, m'a fait lever à deux heures du matin pour me demander quatre sous de jujube en deux paquets. Comme on a été réveillé au milieu d'un rêve de cocagne, on a plutôt envie de donner au mystificateur un coup de pied au bas des reins, que le médicament infime qu'il demande; mais, comme on est bon, comme on aime son prochain à en être bête. on ne pense qu'au bien à lui faire, et cent quatre-vingt-dix-huit pharmaciens sur cinquante-six passent leur existence, celle de leur femme, et celle de leurs enfants à découvrir les remèdes les plus simples et les meilleurs. Ainsi, moi, malgré ma modestie, à rendre des points à une infusion de violettes, je suis l'inventeur du *crâno-capilllaro-pétrolomètre* pour les personnes chauves de naissance ou qui ont perdu leurs cheveux avant de venir au monde.

Vous vous enduisez le crâne d'une bonne couche de terreau, ou de fumier de bouc, que vous arrosez tous les soirs en vous couchant, avec un litre d'huile de pétrole auquel vous mettez le feu pendant 20 minutes; et quand la peau du crâne est entièrement calcinée, vous la recouvrez d'une feuille de potiron et vingt-quatre heures après, voilà le résultat obtenu ! (Il se décoiffe et exhibe un crâne tout dénudé. On entend crier.) A la boutique ! Vite, vite ! (Avec mauvaise humeur, après avoir été regarder au fond, riant.) Ah ! C'est une jeune dame qui vient de gratifier, subitement la patrie d'un nouveau défenseur. (Reprenant son bocal.) Je ne lui souhaite qu'une chose à celui-là : c'est qu'il ne se fasse jamais pharmacien !

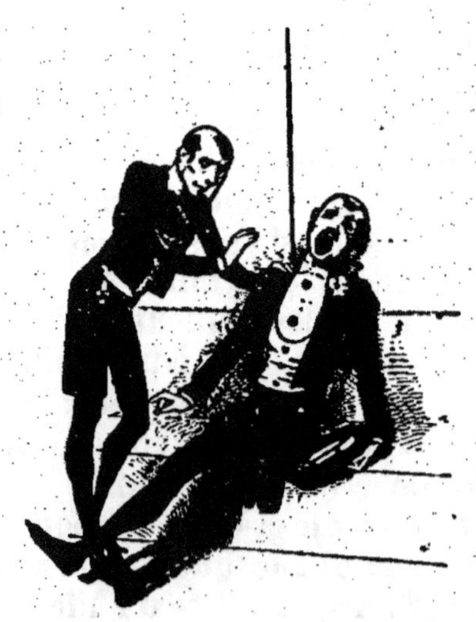

TABLE

Imprimerie de l'Ouest, A. NÉZAN, Mayenne.

EN VENTE CHEZ LES MÊMES ÉDITEURS

Format in-18 jésus

ELZÉAR BLAZE. *Le Chasseur au chien courant.* 2 vol. .... 7 »
— *Le Chasseur conteur.* 1 vol. 3 50
— *Le Chasseur au chien d'arrêt.* 1 v. 3 50
L. BLOY. *Propos d'un Entrepreneur de démolitions.* 1 vol. 3 50
Ch. BUET. *Contes ironiques,* illustrés par Alex. Lemaistre. 1 vol.. 3 50
E. CADOL. *Cathi.* 1 vol. 3 50
E. CARJAT. *Artiste et citoyen,* poésies. 1 vol. 3 50
ROBERT CAZE. *L'élève Gendrevin.* 1 vol. 3 50
— *La semaine d'Ursule.* 1 vol. 3 50
— *Dans l'intimité.* 1 vol. 3 50
— *Grand'mère.* 1 vol. 3 50
COQUELIN CADET. *Le Livre des convalescents,* illustré par Henri Pille, 1 vol. in-8° vélin .... 20 »
Ad. CORTHEY. *Les Vieillards de Paris.* 1 vol. 3 50
L. de COURMONT. *Feuilles au vent,* poésies. 1 vol. in-8° vélin, orné d'eaux-fortes et de nombreux dessins hors texte .... 20 »
Ch. CROS. *Le Coffret de santal,* poésies et fantaisies en prose. 1 v. 3 50
Ed. DESCHAUMES. *L'Amour en boutique.* 1 vol. 3 50
L. DESPREZ. *L'Évolution naturaliste* (G. Flaubert, les Goncourt, M. A. Daudet, M. E. Zola. Les Poètes. Le Théâtre), 1 vol. 3 50
H. DESNAR. *Le Secret de Sabine.* Dessin de J. Worms. 1 vol. 3 50
J. DUFLOT. *Dictionnaire d'amour.* Études physiologiques. 1 vol. .... 3 »
E. DURANDEAU. *Civils et militaires,* avec une préface de Th. de Banville. 1 vol. orné de dessins sur bois 3 50
G. DUVAL. *Vieille Histoire.* 1 vol. 3 50
E. du FAYL. *L'Opéra,* 1669-1878. 1 vol. in-32 avec plans .... 3 »
L. FRÉVILLE. *Nouveau traité de récitation et de prononciation.* 1 v. 2 »
H.-G. de GENOUILLAC. *Les Quatre Manières de les aimer.* (En les respectant, en les séduisant, en les tuant, en les épousant.) 1 vol. 3 50
— *Comment elles agissent.* 1 vol. 3 50
M. JOUANNIN. *Neuf et dix.* Préface de François Coppée, de l'Académie Française. 1 vol. 3 50
— *La grève de Penhoat.* 1 vol. 3 50
J.-B. LAGLAIZE. *Fantoches d'opéra.* Préface de Ch. Monselet. Dessins de Ludovic. 1 vol. 3 50
— *Figurines dramatiques,* roses et épines de la vie théâtrale. 1 vol.. 3 50
Ed. LEPELLETIER. *L'Amant de cœur.* 1 vol. 3 50
— *Les morts heureuses,* avec une préface par Alph. Daudet. 1 vol. 3 50
Ch. LEROY. *Guide du Duelliste indélicat.* Dessins d'Uzès. 1 vol... 3 50
Ch. LE SENNE. *Code du théâtre.* 1 vol. 3 50
Alph. LEVEAUX. *Le théâtre de la Cour à Compiègne,* pendant le règne de Napoléon III. 1 vol. 3 50
P. MAHALIN. *Les Jolies Actrices de Paris.* 4 volumes à 3 50
— *Caprice de princesse.* 1 vol. 3 50
— *Au bout de la lorgnette.* 1 vol.. 3 50
— *Le Fils de Porthos.* 2 vol. .... 7 »
— *La Belle Limonadière.* 1 vol. 3 50
— *La Reine des Gueux.* 1 vol. 3 50
— *L'Hôtellerie sanglante.* 1 vol. 3 50
— *La Filleule de Lagardère.* 2 vol. 7 »
J. de MARTHOLD. *Contes sur la branche,* illustrés par E. Mas. 1 v. 3 50
— *Théâtre des Dames.* 1 vol. 3 50
A. MILLANVOYE et A. ÉTIÉVANT. *Les Coquines.* 1 vol. 3 50
P. MILLIET. *De l'origine du théâtre à Paris,* 1 vol. in-32 .... 3 »
E. de MOLÈNES. *Palotte.* 1 vol.. 3 50
— *Le Grand Bouge.* 1 vol. 3 50
— *Desclée,* biographie et souvenirs.. 3 50
— *La Jambe d'Irma.* 1 vol. 3 50
— *La Dernière Héloïse.* 1 vol. 3 50
— *Le Domino bleu.* 1 vol. 3 50
— *Histoires amoureuses et Récits fantastiques.* 1 vol. 3 50
Ch. MONSELET. *Une Troupe de comédiens.* 1 vol. 3 50
G. NADAUD. *Théâtre de fantaisie.* 3 50
— *Chansons à dire.* 1 vol. 3 50
L. de NEUVILLE. *Comédies de château.* 1 vol. 3 50
NICOLARDOT. *L'Impeccable Théophile Gautier et les Sacrilèges romantiques.* 1 vol .... 2 »
ORDONNEAU, NADAUD et VERCONSIN. *Théâtre des familles.* 1 vol. 3 50
A. PAËR. *Contes à Zola.* 1 vol.. 3 50
PONTSEVREZ. *On va commencer.* 1 vol. 3 50
A. POUGIN. *Figures d'opéra-comique* (Mme Dugazon, Elleviou, les Gavaudan). Eaux-fortes par Masson 5 »
SAYNÈTES ET MONOLOGUES. Recueil de comédies de salon par différents auteurs. 8 vol. à 3 50
J. TRUFFIER. *Sous les frises,* poésies. 1 vol. 2 50
J. TRUFFIER et L. CRESSONNOIS. *Trilles galants pour nos gracieuses camarades.* Un vol. précédé d'une préface de Th. de Banville 3 50
A. VITU. *Molière et les Italiens.* Une brochure in 8° 1 50

Paris. — Imprimerie G. Rougier et Cie, rue Cassette, 1.

www.ingramcontent.com/pod-product-compliance
Lightning Source LLC
LaVergne TN
LVHW020619110826
845149LV00002B/530